組織で支え合う！
学級担任の
いじめ対策

ヘルプサインと向き合う
チェックポイントとQ-U活用法

河村茂雄 編著
武蔵由佳・苅間澤勇人・水谷明弘 著

図書文化

まえがき

　教育臨床の研究に取り組んで25年が経ちました。
　そのなかで，いじめの問題はずっと中心的テーマの一つでした。
　いじめの問題はおよそ10年ごとに社会的に大きな注目を集めてきましたが，近年はそのサイクルが短くなっています。筆者もそれぞれの時期ごとに，自分なりの活動を行ってきました。
　第一次いじめ（1985年前後）の頃，東京都の中学校で発生した「お葬式ごっこ」が大きく報じられました。学級全体規模で行われた，教員も参加していたいじめ問題でした。その頃，教員をしていた筆者は，いじめの問題と学級集団の状態の関係に注目しました。
　第二次いじめ（1995年前後）の頃は，いじめの問題や児童生徒の学校生活への不適応感を早期に発見する方法と，学級集団の状態が測定できる尺度が教育現場に必要だと考え，Q-U（p.86）の開発を進めていました。
　第三次いじめ（2005年前後）の頃は，Q-Uの全国データを整理して，文部科学省記者クラブで，「いじめ問題と学級集団の状態の関係」について記者会見を行いました（2007年2月）。その様子が，「なれ合い学級にいじめが多い」として全国的に報道されました。
　そしていま，第四次いじめ（2010年～）として社会問題化しています。「いじめ防止対策推進法」が2013年6月に公布され，同年9月に施行されました。教育行政や学校に，いじめ問題に関して実効性のある取組みをすることを迫ったものです。この法案成立の背景には，いじめ問題が繰り返されてきたという実態だけではなく，学校や教育委員会のずさんな対応が社会問題化したこともあると思います。

しかし，「いじめ防止対策推進法」が施行された後も，いじめ問題が立て続けに発生しています。いじめ対策の重要性が法的，社会的に認識されているなかでも，確実な取組みができていない学校が，残念ながらあるのです。法律の制定を受けて「いじめ対策」は策定していても，何らかの要因により実質化できていないことが考えられます。

　筆者は，2010年12月に文部科学省から委嘱を受け，「今後のいじめ問題や自殺予防対策に活かすため，背景にいじめがあるとされた（又は疑われた）児童生徒の自殺事案についての事例分析」の委員として，過去のいじめ問題の分析作業に携わりました。多くの事例についての書類の山を，一つずつ読み深め整理していくなかで，学校や教職員が陥りがちな問題点の最大公約数が浮かび上がってきました。

　本書は，多くの事例と，Q-Uで調査した多くの学級集団のデータをもとに，学校でいじめ対策を確実に実行していくための，学級担任個々が知っておくべきこと，やるべきこと，それを支える学校組織のあり方のポイントを，解説することをめざしました。

　いじめ対策は，学級担任の行う教育実践に根づき，教職員同士が補完し合うという点が，重要です。

　教育実践に包含されて展開されないいじめ対策は，教育とは言えないのです。

　教育に携わっている多くの方々に本書を手に取っていただき，いじめ対策の叩き台にしていただければ幸いです。

2016年4月

早稲田大学 教育・総合科学学術院 教授
博士（心理学）　河村茂雄

組織で支え合う！
学級担任のいじめ対策
―ヘルプサインと向き合うチェックポイントとQ-U活用法

目次

まえがき　2

第1章 いじめ対策はトータルな取組みである　6

第1節　いじめ対策が実質化していない学校の要因　6
- 最悪な結果に至るまでの流れ
- なぜ，教員は気がつかないのか
- 学級担任の限界と責務
- いじめの理解
- いじめ対策が形骸化している学校の課題
- 個業意識も問題

第2節　いじめ対策はトータルに取組む　14
- 三つの取組みの連環を意識する
- 校内組織の取組み
- 早期発見の取組み
- いじめを生まない環境づくり

コラム 問題を何年も継続的に抱えている児童生徒への対応に注意！　23

第2章 校内組織のチェックポイント　24

第1節　いじめの早期発見，早期対応に向けて　24
- 学級担任の取組みのチェックポイント
- 学級担任を支える取組みのチェックポイント
- 教職員の人間関係づくりのチェックポイント
- 教員研修の必要性

第2節　いじめと疑われる事象が報告された場合　37
- いじめかどうかの仮判断［第一段階］
- 事実確認のための聞き取り［第二段階］
- 被害者の安全確保と情報提供者の保護［第三段階］
- 加害者及び学年・学級集団への継続的な指導［第四段階］

第3章 早期発見のチェックポイント　44

第1節　Q-U結果のどこを見るか　45
- いじめ被害を問う項目
- 学級生活満足群の児童生徒

　　　　　・被害が疑われる児童生徒のアセスメント
　　　　　・学級集団のアセスメント
　　第2節　学級担任の取組み　50
　　　　　・アセスメントのための面接
　　　　　・治療的援助としての面接
　　　　　・被害が疑われる児童生徒の観察
　　　　　・学級集団の体質改善
　　第3節　学年の取組み　56
　　　　　・被害が疑われる児童生徒の情報共有
　　　　　・気になる児童生徒への声かけ
　　　　　・敷居の低い相談窓口の設定
　　　　　・見守りの体制づくり
　　　　　・いじめの疑いが多く見られる学年
　　第4節　学校全体の取組み　61
　　　　　・学校全体で対応の方針を共有しておく
　　　　　・学校規模による取組みのポイント
　　　　　・おわりに
　　コラム　K-13法による事例検討会　64

第4章　いじめを生まない環境づくりのチェックポイント　68

　　第1節　学級集団づくり　68
　　　　　・学級経営の限界的状況
　　　　　・満足型学級集団づくりとは
　　　　　・満足型学級集団にいじめが少ない理由
　　　　　・満足型学級集団づくりの方法
　　　　　・水面下の問題を探るアセスメント
　　第2節　学級タイプ別，こんなサインに要注意！！　75
　　　　　・かたさの見られる学級集団
　　　　　・ゆるみの見られる学級集団
　　　　　・不安定な要素をもった／荒れの見られる学級集団
　　　　　・アンケートではいじめの有無を見出せない児童生徒
　　第3節　心理教育のポイント　82
　　　　　・いじめ加害者の心理
　　　　　・人権のルールを日々体験学習させる（グループアプローチ）
　　　　　・いじめをテーマにした心の授業を行う
　　コラム　Q-Uとは　86

参考文献一覧　93

第1章 いじめ対策はトータルな取組みである

　いじめ問題の事例を分析していくと，学校を挙げて取り組んでいるいじめ対策が，実効性に乏しいケースが見られます。その要因について，著者の研究データも紹介しながら，考えてみたいと思います。

　いじめ防止対策推進法（2013）は，いじめを，「児童等に対して，当該児童等が在籍する学校に在籍している等当該児童等と一定の人的関係にある他の児童等が行う心理的又は物理的な影響を与える行為（インターネットを通じて行われるものを含む。）であって，当該行為の対象となった児童等が心身の苦痛を感じているものをいう。」と定義しています。本書でもこの定義に基づいて，いじめを捉えています。

■ いじめ対策が実質化していない学校の要因

最悪の結果に至るまでの流れ

　文部科学省から委嘱を受け，筆者が全国のいじめ事例について分析した結果，児童生徒がいじめられて追い詰められて自殺に至るまでの経過として，共通点が認められました。次の①②の流れです。

いじめ被害者が自殺に至るまでの流れ

①当該の児童生徒は，学級や部活動内でいじめを受けて悩んでいた。そして，そのような事態に対して教職員やクラスメイトからのサポートが得られない状況に，<u>一定期間継続して置かれていた</u>
②①の状況のうえに，さらに本人に強い疎外感・孤独感を抱かせるような出来事があり，苦しさから逃れるために自殺に至った

なぜ，教員は気がつかないのか

ここで，大きな疑問が湧きます。

なぜ，当該児童生徒が悩んでいた期間はある程度継続していたのにもかかわらず，教員は気がつかなかったのでしょうか。

その理由として，1）実際に気がつかない場合と，2）見ていてもいじめと認識できない場合，が考えられます。

❶実際に気がつかない場合

筆者の調査（2007）では，いじめられている児童生徒の兆候を教員が見過ごしている割合は，小学校の約半数，中学校の3分の1にのぼりました（図1-1，p.9）。

また，学級集団が荒れていると，いじめの発生率は高く，且つ，教員の見過ごし率も高くなっていました（図1-2，p.9）。

多くの問題が同時に起こっている学級集団では，教員は，次々と対応に追われてしまうために，いじめの兆候を見落としてしまうことが考えられます。

❷見ていても「いじめ」と認識できない場合

いじめを受けた相手について，いじめ被害を受けた児童生徒に調査したところ，小学校，中学校共に，「同じクラスのいろいろな人から」という回答が最も高率を示しました（図1-3，p.9）。

この結果を踏まえると，次の実態が示唆されます。
　例えば，勉強や運動が苦手な児童生徒が「みんなと同じようにできない」という理由で周りから軽視されるようになると，「あいつが，からかわれるのは当然だ」という雰囲気が，学級や部活動のなかに自然とできていきます。からかいやいじり，人間関係のヒエラルキーが集団内で常態化していき，ヒエラルキーの低い者に対するいじめ行為が，周知のなかで，不特定多数によって，行われていくのです。
　つまり，いじめがいじめと認識されにくい状況です。
　このような状況において，教員は，特定の児童生徒が周りからからかわれたり，言葉の暴力を受けているのを見ても，どこかで「自分が対応しているから大丈夫だ」「仕方がない。該当する児童生徒にも問題がある」という意識をもちやすく，深刻に受け止められない場合があります。
　その結果，教員が児童生徒の行為を見ていても「いじめ」と認識できないケースが出てきます。
　なお，このようなケースについては，学級集団の状態ごとに特徴的な傾向が認められます。教員はどのような点に気をつけるとよいか，筆者の調査研究に基づく知見について，第4章で詳しく述べます。

学級担任の限界と責務

　学級担任は，いじめ対策に努めていても，どこかで「いじめの発生は自分の指導力不足と同僚から見られるのではないか」という懸念があり，その懸念は時として問題の過小判断に繋がってしまいます。つまり，事態を深刻な問題として捉えなければ，対応はしないか，表面的な対応で済ませて誰かに報告することもない，ということです。
　このような学級担任の限界を学校全体で組織的に補うことが，いじ

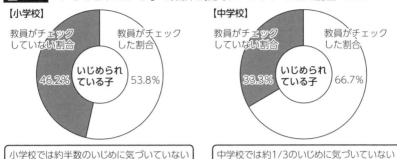

図1-1 いじめられている子の徴候を教員がチェックできた割合（河村，2007）

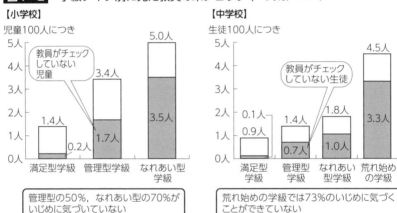

図1-2 学級タイプ別に見た教員の未チェック率（河村，2007）

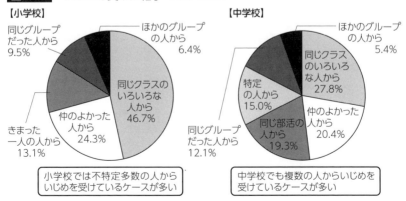

図1-3 いじめを受けた相手（河村，2007）

第1章 いじめ対策はトータルな取組みである

め対策の充実に繋がります。

　よって，いじめ対策では，校内の教職員間に，「いじめの解釈は複数の者で組織的に行う」「初期対応から校内組織のリードのもとで行う」という共通理解があることが前提です。そして学級担任は，「自らの対応だけではなく，発見した内容を学年団や校内組織に報告するまでが自らの責任範囲である」という自覚をもつ必要があります。

　いじめは，学級が荒れているほど起こりやすいにもかかわらず，学級担任は，学級経営がうまくいっていない時ほど，多くの問題の対応に追われ，いじめの発見や対応ができにくくなるものです。

　常日頃から学級の状態を組織的に確認し合い，「いじめ発生のリスクが高い状態」になってしまったら，副担任やTTなどが支援に回ることが必要です。この時，Q-Uなど学級集団の状態を客観的に捉える指標があると効率が良いでしょう。

いじめの理解

　いじめには多くの態様があります。発見の遅れや対応のミスマッチを防ぐためには，いじめの種類について，ある程度の理解をもっておくことが必要です。

　ここでは，教職員が早期発見・早期対応の手がかりとしやすい，「❶人間関係の軋轢」「❷遊び」「❸非行」の3タイプを紹介します。

❶人間関係の軋轢タイプ

　学級集団のなかでは，他者との考えの相違や意見の対立からくる，人間関係の摩擦が必ず起こります。こういう問題を解決するプロセスを通して，児童生徒が社会性を身につけていくことも期待されます。

　しかし，人間関係の摩擦は，当事者同士に大きな精神的ダメージを残すこともあります。特に人間関係の形成が苦手な児童生徒同士の場

合には，建設的な問題解決に至らないことが少なくありません。

このような，人間関係の摩擦からくるいじめを受けやすいのは，「同じ相手と繰り返しトラブっている児童生徒」「天敵のような相手がいる児童生徒」などです。

❷遊びタイプ

面白半分，からかい半分の意識で始まって，加害者意識が希薄なまま，次第に行為がエスカレートしていくことがあります。「嫌なあだ名で呼ぶ」「～菌ごっこ」「無視などの仲間外し」などが発端です。

なかには，「大した悪意をもたずに，とても酷い行為をしていた」という場合があります（現代の子どもたちが，ふざけといじめの加減を身につけていないことが窺われます）。

このような，一見すると遊びのようないじめを受けやすいのは，「嫌なあだ名で呼ばれている児童生徒」「複数の児童生徒にからかわれている児童生徒」「グループ内で使い走りのようになっている児童生徒」「その子が来ると周りが話を止めるという様子が見られる児童生徒」などです。

❸非行タイプ

教職員の目を盗んだ暴力や恐喝，徹底した仲間外しが，特定の児童生徒に対して，集団的になされる場合があります。このようなケースは「非行対応」に準じて対応するのが妥当です。また，いじめ行為がなくなった後でも，被害者に対しては，精神的サポートも含めた，継続的なケアが必要です。

このようないじめを受けやすいのは，「グループ内で限度を越えた悪ふざけを受けている児童生徒」「同じ相手・グループに繰り返し暴力を振るわれている児童生徒」（プロレスごっこ等も含みます）などです。

以上のタイプ分けを手がかりとする，学級担任のいじめへの初期対応の目安を示します。

学級担任の初期対応の目安

- 「人間関係の軋轢タイプ」を発見したら，該当する児童生徒に個別に確認するだけではなく，学年主任に報告して学級経営でも意識的に対応すると共に，その過程を校内のいじめ対策委員会の定例会で報告する
- 「遊びタイプ」を発見したら，該当する児童生徒に個別に確認するだけではなく，その事案を校内のいじめ対策委員会に議題として検討することを要請する
- 「非行タイプ」を発見したら，早急に管理職に報告し，校内のいじめ対策委員会での組織対応に繋ぐ

いじめ対策が形骸化している学校の課題

ここまでくると，いじめ対策が形骸化してしまう要因として，「校内組織が，学級担任を十分にサポートできていない結果，学級担任が膨大な仕事を一人で抱え込むために，いじめ問題への目配りも鈍りがちで，その対応の不十分さをチェックし合う組織体制も弱い」というような構造的な課題があることが見えてくると思います。

繰り返しますが，いじめ対策は，校内の全教職員（スクールカウンセラー等も含む）で「個人の把握と対応には限界がある」「自分のできることを確実にやっていく」という意識をもち，組織的に取り組む必要があります。

そのうえで，学級担任は，校内組織の一員として，「担任する学級のいじめ防止対策を考える」という視点と，「他の教職員をサポートする」という視点を忘れてはなりません。

ただし，現状として，学校にはいじめ防止対策推進法に準じた「い

じめ問題に対応する校内組織」等があるにもかかわらず，十分な機能を果たせていないケースが見られます。

そのような組織には，次のような点が認められます。

学校のいじめ対策が実質化しない要因

①いじめ対策の具体的な内容と方法が教職員個々に任されているために，教職員間で取り組み方の差が発生している

- 「何を」「どのように」「どこまで」やるのか，という各教職員の責任範囲が明確になっていない
- 方法論がきちんと確立していないか，ひな形が全教職員でしっかりと共有化されていない
- 各教職員が取り組んだことについて，相互チェックがなされない

②教職員個々の取組みが学校組織としての対応に繋がっていない

- 各教職員が掴んだ情報が，整理・統合されていない
- 教職員個々のいじめ把握の限界を補い合うシステムが無い
- いじめの芽を見つけるというよりも，問題が起きたら対応するという意識になっている
- いじめ問題を把握した後の対応策が不十分である
- いじめ問題の担当者が名目的になってしまっていたり，被害を受けた児童生徒の対応，加害児童生徒の対応，保護者の対応などの役割分担がなされていなかったりする

③教職員間に「いじめ発生の原因は学級担任の指導力不足である」という認識が存在する

個業意識も問題

いくら熱心に教育実践に取り組んでいても，個人の取組みには不十分さが必ず発生します。よって，学校には，「全ての教職員が，全て

の学級に関わる・責任をもつ」という意識と,「チームとして活動できる教職員組織」の構築が求められます。

それは,校内の全教職員が,「学校全体として教育の質を保障するために,学校経営の下に学級がある」という共通の考え方をもつことにより,実現に向かうと思います。

つまり,教職員一人一人が,「教職員全体の対応で,児童生徒が入学して卒業するまでに何をどれだけ学習させることができたか」ということを重視するということです。さらに,教職員一人一人が,「特定の年度,特定の学級集団だけが良好というのでは十分でない」という考えをもつということです。

「難しい児童生徒が在籍する学級には担任のなり手がいない」という学校は,学級王国と言うべき,教職員の個業意識が強い組織であり,チームとしての教職員組織の構築が不十分だと思います。

いま学校は,機動性や柔軟性を組織単位で高める姿,成果に基づいて信用される姿へと変わることが求められていると思います。

いじめ対策はトータルに取り組む

三つの取組みの連環を意識する

ここまで,学校がいじめ対策を実質化させるためには,「取組みの比重が高い学級担任に対して,それを支え,日々の意識の喚起と弛まぬ対応の実行をリードする校内組織体制が必要である」という考え方を述べてきました。ここからは,改善の方策に踏み込んでいきます。

まず大きな方針として,学校のいじめ対策を実質化させるために,「校内組織の取組み」「早期発見の取組み」「いじめを生まない環境づくり」の三つにトータルに取り組むということを掲げます。

図1-4 教職員個々の取組みは校内組織に支えられている！

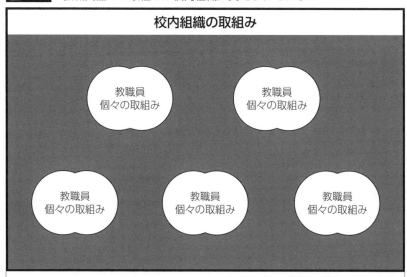

- 「校内組織の取組み」の充実は，「いじめを生まない環境づくり」と「早期発見の取組み」に取り組んでいる教職員個々に対して，方向性を与え，意欲を喚起し，安心感をもたらす。例えば，事例検討会などを通して，校内のいろいろな学級の様子を知ることは，自分自身の教育実践を顧みるきっかけになる。また，学級担任によっては，荒れた学級を同僚が役割分担して組織的にサポートしていく様子を見て，心強く思うことがある

- 「いじめを生まない環境づくり」と「早期発見の取組み」に取り組んで掴んだ情報や効果的な対応が「校内組織の取組み」に生かされることで，その教職員の貢献度，自己有用感が高まる

- 「早期発見の取組み」を充実させるには，「いじめを生まない環境づくり」を通して，学級集団や児童生徒個々の特性，児童生徒の人間関係を押さえていくことが有効である

- 「いじめを生まない環境づくり」を充実させるには，「早期発見の取組み」で浮かび上がった児童生徒について，教職員が個々の教育実践のなかで配慮していくことが有効である

三つの取組みは結びついており，一つの取組みは，他の取組みに支えられることでより充実する，という関係性にあります。例えるならば，人の健康が「栄養の摂取」「睡眠」「適度な運動」という三つの要素をまんべんなく満たすことで維持・増進されるという考え方に近いものです。

　三つの取組みの結びつきを無視して，それぞれ独立して取組むことは，負担感の増大にも繋がります。膨大な仕事量を感じているなかでは，どんな取組みも，やっつけ仕事になりがちです。結果的に，いじめ対策が形骸化していくことが考えられます。

　つまり，いじめ対策が実質化していない学校は，この三つのどれかに，且つ，連環のあり方に，問題を抱えていると考えられます。

　次に，三つの取組みの骨子について，それぞれ解説します。

校内組織の取組み

 各教職員の取組みを方向づけ，集まった情報を整理して有機的に対応していく！

　いじめが発覚してから校内組織の活動がスタートするのではいけません。教職員個々がもっている児童生徒の情報を定期的に整理し児童生徒の困り感を見出して，予め設定した役割分担に基づき対応していくことが必要です。

　「校内組織の取組み」で大事なことは，「❶児童生徒個々と学級集団の状態をアセスメントするための『共通の指標』を設定する」「❷学級経営の目的と学級集団づくりの方法論，児童生徒対応の原則について，教職員全体で『スタンダード』を共有する」「❸気になる児童生徒の状況，学級集団づくりの取り組み方について，学年団などで定期

的に話し合う」の三点です。一つずつ解説します。

❶児童生徒個々と学級集団の状態をアセスメントするための「共通の指標」を設定する

　教職員同士のものの捉え方のバラつきは，思いのほか大きいものです。情報整理に多くの時間が費やされて，肝心な話が先送りになる話し合いは珍しくありません。また精神論や抽象論だけの話し合いが続くと，開催意義が希薄になり，だんだんと形骸化していくようなことは少なくありません。

　そこで，児童生徒個々と学級集団の状態をアセスメントするための「共通の指標」が必要です。Q-Uなどの「共通の指標」があることは，話し合いの時間短縮にも繋がります。

❷学級経営の目的と学級集団づくりの方法論，児童生徒対応の原則について，教職員全体で「スタンダード」を共有する

　いくら教職員同士で話し合っても具体的な取組みに繋がらない理由としては，「誰が」「何を」「どのように」「どこまで」やるのか共有されていない，ということが考えられます。

　その課題を解消するには，学級経営の目的，学級集団づくりの方法論，児童生徒対応の原則について「校内のスタンダード」を確認したうえで，「教職員全体で取り組む」という合意形成が必要です。

❸気になる児童生徒の状況，学級集団づくりの取り組み方について，学年団などで定期的に話し合う

　情報共有のための定期的な話し合いは，新学年がスタートしたらすぐに，取り組み始めることが必要です。大きな問題が発生していない時こそ，児童生徒の小さな状況も話し合うことができるからです。

　話し合いは，❶と❷の実行過程で見えてきたことをもとにして，児童生徒の学級での人間関係に踏み込み，当該児童生徒が「困り感」を

もっていないかどうか検討します。さらに，このような話し合いの過程で，具体的な事象の捉え方や対応方法を同僚と学び合います。

　そのためには，教務主任が主導して，定期的な話し合いをもつ時間を，予め年間計画に位置づけておくことが必要です。

　そして，みんなが意見を出しやすいフラットな会になるように，学年会をリードすることが学年主任の責任です。また学年主任には，取組み内容の具体化にも主導的に取り組むことが求められます。取組み内容が精神論や抽象論に留まっていると，教職員の意欲や実践内容のバラつきが大きくなり，足並みが乱れやすくなるからです。

早期発見の取組み

　観察・面接，そして調査法を積極的に活用し統合的に！

　いじめは，友達同士のちょっとした口論，係活動上の意見の相違，学習の遅れなど，日々の出来事から始まることが多いものです。

　よって，いじめかどうかという視点を磨く前に，「児童生徒の日々の「困り感」を丁寧に把握し，その支援を適切に行っていくことの積み重ねが結果的に予防に繋がる」という意識をもつことが大切です。

　小さなインシデント（事象）を見逃さずに対応することは，深刻なアクシデント（事故）の予防になります。

　したがって，学校では，児童生徒の日々の「困り感」を把握する方法として，「❶児童生徒の行動観察は『見るべきポイント』を定めておく」「❷定期的な個別面接や，気になる児童生徒との意図的な会話を行う」「❸質問紙調査を定期的に実施する」という三点を，統合的に行っていくことが求められます。

❶児童生徒の行動観察は「見るべきポイント」を定めておく

　児童生徒の様子のなかで特に注意すべき点について，教職員同士で共有しておきます。「よくからかわれている」「休み時間に一人でいる」「グループにいるが楽しそうではない」「授業中の誤答を笑われる」など項目を事前に設定しておき，一，二か月ごとに記録します。

❷定期的な個別面接や，気になる児童生徒との意図的な会話を行う

　児童生徒の日々の「困り感」を知るためには，すすんで教職員に話しかけてこない児童生徒とのコミュニケーションについても，物理的に確保することが必要です。

　例えば，個別面接を定期的に行います。その際に，どの教職員がどの児童生徒に対しても必ず聞くこととして，「最近の楽しかったこと」「困ったこと」などの質問を，事前に決めておくとよいでしょう。

　一人15分程度が目安だと思います。ここで適切なアセスメントが出来るかどうかは，普段からのリレーション形成がものをいいます。

　また，「児童生徒にとって，敷居の低い相談窓口を設定する」という対応もあります。

　窓口の担当は，管理職や専門的な相談者より，児童生徒が話しかけやすい教職員などが担うのが一番です。養護教諭が保健室で担っているケースが多いです。

❸質問紙調査を定期的に実施する

　質問紙は，いじめだけをチェックするものではなく，学校生活のプラス面や，ちょっとした「困り感」もキャッチできるものが望ましいと思います。そのほうが児童生徒は気軽に答えやすいからです。

　質問紙による実態把握は効率的ですが，自尊心が強い，過剰適応している児童生徒は，質問紙に素直に答えない場合も想定されます。よって，❶，❷，❸から得られた情報は，必ず統合的に整理しなくては

なりません。その際，その児童生徒が，学級集団をどのように捉えているか，という点が重要です。つまり，学級集団の状況のなかで，その児童生徒の「困り感」を捉える視点が必要です。

いじめを生まない環境づくり

 いじめに負けない学級集団づくりと，いじめに負けない心を育てる教育を！

心理学には，「閉鎖的な集団内でのメンバーの欲求不満やストレスの高まりは，他のメンバーへの攻撃行動を誘発する」という「欲求不満・攻撃仮説」という考え方があります。

学級集団には閉鎖集団になりやすい，人間関係の軋轢が生じやすいという特質があります。つまり，児童生徒個々の欲求不満が高まると，いじめが誘発されやすいのです。このことは，中学校・高等学校の部活動の集団についても同様です。

学級集団の状態によって，いじめの発生率は大きく異なります（河村，2007）。Q-Uの全国データを集計すると，いじめの発生がとても少ない学級集団（満足型）の出現率は4割弱でした。いま，良好な学級集団が形成できにくくなっていることが示唆されます。

そこで，「❶学級集団づくりの年間の見通しをもち，学級集団を規律があり，且つ，親和的な集団に育成する」「❷学級集団の状態を把握して，いじめに対して先手を打つ」「❸いじめのいろいろな態様，加害者の心理，被害者の心理についての心理教育を，定期的に行う」という三点を確実に遂行していくことが求められます。

❶学級集団づくりの年間の見通しをもち，学級集団を規律があり，且つ，親和的な集団に育成する

学級集団の体質改善がいじめ防止の第一歩です。児童生徒の日々の学校生活の充実感・満足感の向上が、いじめの発生を抑制します。

❷学級集団の状態を把握して、いじめに対して先手を打つ

Q-Uを用いて、学級集団の状態ごとに、いじめの発生率を検証したところ、ルールとリレーション（図1-5, p.22）の両方が確立している「満足型学級集団」では、ルールの確立度の低い「ゆるみの見られる学級集団」と、リレーションの確立度の低い「かたさの見られる学級集団」と比較して、いじめの発生数が少ないことが明らかになりました（図1-6, p.22）。さらに、いじめの中身についても、学級集団の状態ごとの傾向が見られました。

つまり、学級集団の状態を把握することは、日々の児童生徒の様子のなかで、特に気をつけるべき点を知ることにも繋がります。

❸いじめのいろいろな態様、加害者の心理、被害者の心理についての心理教育を、定期的に行う

いじめの具体的な例（弱い子をからかう、関係性いじめなど）や、普通の子が加害に至る心理や、いじめられている子が「止めて」と言えない心理を理解させることが大事です。児童生徒の人権意識を向上させるためには、「いじめはいけない」という精神論的な説教だけでは不十分で、児童生徒の心理面を揺さぶる取組みが必要です。

以上、「校内組織の取組み」「早期発見の取組み」「いじめを生まない環境づくり」という三つの取組みにQ-Uを活用することをお薦めします。筆者はQ-Uを教育実践に活用する運動に20年間取り組み、多くの学校で成果を確認してきました。

その成果を踏まえて、2、3、4章では、三つの取組みについて、詳細に解説します。参考にしていただければ幸いです。

図1-5 「ルール」と「リレーション」のバランスが取れていると集団は安定する

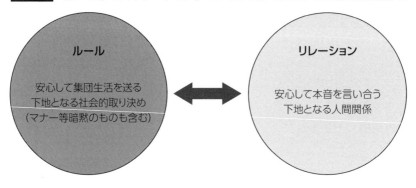

図1-6 児童生徒100人当たりの，「長期的ないじめを受けていて，とてもつらい」と訴えている割合（河村，2007）

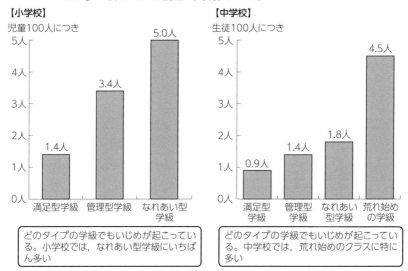

コラム 問題を何年も継続的に抱えている
児童生徒への対応に注意！

　学級担任は，自分が担任したときに発生した問題と，前年度以前から継続している問題とでは，受け止め方が違う傾向が見られます。前者では，いじめでも不登校でも，学級担任は問題発生の責任を強く感じて，対応にも力が入り，様々に支援を試みます。しかし，後者では，そういう児童生徒の対応は難しい，好転の兆しが見えなくても仕方がない，と最初から思い込みやすいものです。結果として，前年度からのアセスメント結果と対応方法を継承して，新たな支援を試みることが少ないようです。

　Q-Uの結果でも然りです。

　要支援群や不満足群にプロットされている児童生徒でも，前年度の学級でも同様の状態だった場合には，「その児童生徒自身の問題なのだ」と考える傾向が，学級担任の心理としては少なくありません。

　その結果，個別にじっくりと面接をしたり，学級内の人間関係の調整など，新たな試みを計画的にやっていこうという対応には向かわず，前年度と同様にとりあえず"見守ろう"という対応に終始しがちになるのです。

　蓄積されてきた被侵害感や不適応感は，その児童生徒の我慢の限界を越えた時，突然，傷ましい行動となって表出することがあります。その時，学級担任は，いつもと同じような様子だったのに，突然に「なぜ?!」と愕然となるのです。

　Q-Uの結果は，児童生徒の現在の辛さや困り感の訴えと捉えて，現在の状況のなかで新たにアセスメントをして，その結果に基づく支援が必要なのです。

第2章

校内組織の
チェックポイント

　学級担任個々のいじめ対策は，組織的なサポートをいつでも受けられることが理想です。その状態を現出させるポイントは，学級担任の活動と校内組織の活動をリンクさせることです。つまり，一人一人が自分の学級だけではなく，同僚の学級や学校全体のいじめ問題にも目を向けて，組織の一員としての自分の責務を考え実行するのです。

　第一節は校内組織の活動のなかでも，「学級担任の責務」「学級担任へのサポート」「教職員の人間関係」の3つに焦点化して，早期発見・早期対応のポイントを解説します。第二節は，いじめ報告後の校内対策委員会を中心とした取組みの流れとポイントを解説します。

いじめの早期発見，早期対応に向けて

学級担任の取組みのチェックポイント

　いじめ対応を独断で進めることは，大きなリスクを伴います。よって，いじめを察知して，校内のいじめ対策委員会に報告したうえで，組織的に対応していくことが，学級担任の責任範囲として求められます。

図2-1 学級担任個々の取組みは組織的に支えられていることが理想！

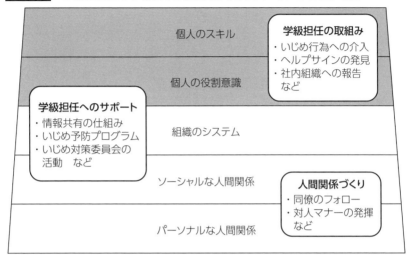

なお，主に「個人のスキル」「個人の役割意識」の形成との関わりが深い取組みです（図2-1）。

❶教職員がいじめと疑われる行為を目撃した場合の介入

教職員はいじめと疑われる行為を目撃した場合，その場で緊急に介入しましょう。その場での介入とは，いじめと見える行為であることを児童生徒に伝えると共に，不適切な行為を必ず止めさせることです。ポイントは，「粘り強く」注意することです。

例えば，児童生徒が「プロレスごっこだ」と言って行為を止めようとしない時は，「プロレスごっこをしていると，いずれけんかに発展する可能性があるから止めなさい」と注意します。

あるいは，いじめとも遊びとも判断がつかない行為の時は，「それっていじめ？ いじめにも見えるよ！ すぐに止めないとね！」などと声をかけて牽制します。

それでも止めない時は，教職員はその場に留まり，児童生徒が不適切な行為を止めるまで，同じ発言を繰り返します。

❷児童生徒の発する小さなサインを見逃さない

児童生徒のヘルプサインは，理由が不明確な欠席や遅刻，早退が続くこと，表情が暗く元気のない様子であることなど，児童生徒の行動や態度の小さな変化として表れることが少なくありません。

つまり，児童生徒の小さな変化を見落とさないための，工夫をすることが大切です。

例えば，「二日続けて休んだら，電話で児童生徒の声を聞く」「週に三回遅刻があったら，保護者に連絡して家庭での様子を確認する」など，あらかじめ行動基準を定めておくとよいでしょう。

❸他の児童生徒，保護者からの情報提供によるいじめの察知

他の児童生徒，あるいは保護者からの情報提供によって，いじめを察知する場合があります。情報提供に繋げやすくするためには，ふだんから情報提供しやすい雰囲気づくりを進めることが有効です。

授業などを通じて，「いじめを発見したら友達を守る」「大人に相談する」ということを常に確認していきましょう。

また，「いじめ相談ポスト」を設置しているという情報提供をしたり，学校等の連絡先（いじめ相談窓口）を明記した文書を配布したりすることも大切です。

❹いじめの「疑い」の時点で報告を！

いじめと疑われる事案を目撃した時は，その場で初期対応すると共に，どんなに忙しくても，校内組織への報告が必要です。

報告には，カード（あるいは付箋）を用いると効率的です。

カードはいつも持ち歩き，疑わしき事案を目撃した時には，最小限のことだけを記入します（いつ・どこで・誰が・誰に対して・こんな

ことをしていた)。

そして、翌朝の学年朝会などでまとめて報告します。

その後、いじめと疑われる事案の情報を校内で共有するために、カードは、全教職員の目の届きやすいところに掲示しておきます。

❺いじめ対策委員会との連携を！

いじめと疑われた事案について、いじめ対策委員会が遊びや悪ふざけと判断した場合は、引き続き学級担任が該当児童生徒の観察を続けます。

一方、委員会がいじめの疑いと判断した場合は、委員会を中心とした解決のための対応が必要です。詳細は後述します（次節p.37参照）。

❻いじめ対応のスキルを磨く！

いじめの早期発見・早期対応のスキルを身につけるために、校外の研修会に参加することも必要です。

研修会に参加するなかで、スキルが身につくばかりでなく、そこで出会う参加者の教職員と情報交換することもできます。また、同じような悩みや苦労話を伝え合うことで、気持ちも楽になるでしょう。

ベテランの教職員は、若手教職員に声をかけて、研修会に一緒に参加してみることも大切です。

学級担任を支える取組みのチェックポイント

情報共有をすると共に、学級担任の負担感を軽減すること、具体的な助言をすること、個人の限界を補うことなどが必要です。校内の仕組みづくりや、同僚による取組み、日々の実践に活かす工夫などについて述べます。

なお、主に「個人の役割意識」「組織のシステム」「ソーシャルな人間関係」の形成との関係が深い取組みです（図2-1, p.25）。

❼情報共有には仕組みが必要！

　ある教育委員会は管内の小・中学校に対して，毎月一回，いじめがあっても無くても必ず報告書を提出するように求めています。そして，その報告に基づいて必要な指導・援助を行い，いじめ問題の対応の効果を上げています。

　中・高等学校では各授業担当者が授業終了後に生徒の気になる言動などを名簿表に記入するようにします。そうして集めた情報を，学年会議を行って整理したうえで，全教職員で共有します。

　学年会議や生徒会議を定期的に開催するために，会議の開催を，年度始めに作成する年間行事計画のなかにきっちりと組み込んでおきましょう。

❽会議はねらいに即して効率的に！

　いじめ対策を充実させようとすれば，当然，教職員会議の回数は増えます。なるべく効率よく進めるためには，会議のねらいによって，会議の形式を変えることが必要です。

　「情報の収集と共有」をねらいとする時は，時間を決めて集まり，五〜十分程度で終了することをめざして，原則立ったままで行います。レジュメや報告書は，様式は毎回統一して，Ａ４判の紙一枚に収まる分量で作成して，会議中のメモが書き込めるように余白を多くしておきます。用箋ばさみも用意しておくと便利でしょう。

　「協議」が必要な会議は，原則として定例会議とします。学年主任が終了予定時間を決め，結論の方向性は三，四通り用意しておきます。限られた時間のなかでも，十分に協議を重ねて結論が出せるように工夫します。

❾いじめ対策委員会の活動のポイント！

　いじめ対策委員会の位置づけが明確になるように，校務内規を整備

し，校務分掌の全体図を作成します。また，組織図を職員室に掲示して，全教職員への周知徹底を図ります。

いじめ対策委員会は，教職員個々の取組みを集約・整理して，「いじめの未然防止策の年間計画表」を作成します。年度の途中でも，個々の取組みをその都度，集約・整理して，不足している取組みを見つけます。練り直した計画を全教職員に示して，教職員が協働する取組みに育てます。

「いじめの未然防止策の年間計画表」には，「いつ，どこで，どんな取組みをするか」「ねらいは何か」「ねらいの効果を高めるために，どのように取組むか」「誰が担当か」などを盛り込みます。年間計画表は職員室に掲示し，家庭にも知らせて協力を求めます。

いじめ防止の取組みが一つ終了したら，評価を行います。児童生徒・保護者へのアンケート，実施者の自己評価，課題などをまとめて，そこから，次回以降に活かすポイントを掴みます。

❿いじめ対策の専任者を！

いじめ対策委員会のメンバーのなかに，最低一人は専任者をおきたいものです。専任者は学級をもたずに，委員会業務を主として行います。できれば，授業時数も軽減するとよいでしょう。

専任者は，情報提供に基づいて，「いじめの仮認定」を行います。また，教職員の研修を担当します。その他，いじめ未然防止の年間計画を立てたり，校内を見回っていじめの発見に努めたりします。外部の研修会等に参加して，いじめに関する見識を常日頃から深めておくことも必要です。

このように，専任者を立てて，毎日いじめ対策を業務として継続することは，学校全体のいじめ対策を啓発することにも繋がります。そのなかで，学級担任は主にいじめのない学級づくりに努め，専任者は

主にいじめの発見と解消に努めます。双方がしっかりとかみ合わさることで、いじめの重大化を防ぐことができるのです。

このように、いじめ対策に特化した役割の専任教諭が、校内に配置されるケースが全国的に増えています。

⓫アンケートは複数活用が基本！

より精度の高い実態把握のために、学校独自のいじめアンケートの結果に加えて、Q-Uの回答も参考にします。

Q-Uの質問項目の幾つかは、いじめ被害を受けているかどうかを問うています。Q-Uの結果も手掛かりにして、いじめの未然防止・早期発見・早期対応に繋げていくのです（詳細は3章で述べます）。

その他、学校行事などの終了後に行うアンケートにも、「この行事では、友達と協力して準備できた」「この行事の取組みを通して、クラスメイトと喜びを共有できた」などの、いじめの発見に繋がる項目を加えます。このように、できれば毎月一回程度、児童生徒の意見を収集できるように年間計画を立てます。

Q-Uの集計結果が届いたら、学校通信に学年ごとの学校満足度四群の出現率を掲載します。全国と比べて優れている点と課題が大きい点、対応策なども掲載して、児童生徒と保護者に情報を提供します。年に二～三回、Q-Uを実施している学校であれば、前回の結果との比較も示して、学校生活が改善されていることを伝えます。

⓬いままでの取組みの効果を高める工夫を！

取組みの効果を高める工夫としては、取組みごとに記録を残していき、これから同じことに取り組もうとする教職員に示してあげることです。

そのためには、取組みごとに評価票を作成しておくのもよいでしょう。取り組む際のポイントを洗い出しておき、評価票の項目にします。

いじめ対策委員会が評価票を集計して、結果を教職員に示していくことも有効です。

⓭目標はスモールステップで！

課題を効果的に解決するためには、目標をスモールステップで設定するとよいでしょう。

まず、一年後のイメージや数値目標を明確にします。それとは別に、一～二カ月単位での課題解決のイメージと数値目標を設定します。

小さく分けた目標を達成するための方法を検討して、どのように行動するとよいかを教職員に示します。適切なモデルを示すことが、行動の般化に繋がります。

十月くらいに上半期の反省会を行い、そこで教職員から課題解決状況について、自由記述で出してもらいます。

⓮いじめに特化したイベント的な取組みも年に二，三回は必要！

日常的な教育活動のなかで、いじめを未然に防止する視点をさらに充実させるのと同時に、いじめに特化したイベント的な取組みもバランスよく導入しましょう。年に二，三回は行う必要があります。

また、道徳や特別活動、総合的な学習の時間を利用して、年間を通した取組みを実施すると、相乗的に効果が高まります。

例えば、「いじめを生まない人間関係づくり」というねらいを掲げて、各学期の始めに構成的グループエンカウンターや学校グループワークトレーニングなどを実施します。あるいは、「いじめを見て見ぬふりをしない」というねらいを掲げて、児童生徒がいじめの構造を学ぶ授業を実施します。

他にも、インターネットで「いじめ防止の取組み」を検索すると、全国には様々な取組みがあることが分かります。自分の学校の課題を捉えたうえで、それらを工夫して導入するのもよいでしょう。

ⓕ保護者対応は同僚がサポートを！

　保護者が「子どもがいじめられている」と訴えて来校した場合，学級担任や管理職が応対しますが，そこに保護者が信頼している教職員が同席するのもよいでしょう。例えば，その学校に長く勤務しており，該当児童生徒のきょうだいを担任したことがある者や，普段から児童生徒の相談に乗っている教職員です。

　いじめ対策委員会は，そういう教職員に対して，緊急時の同席を，前もって依頼しておきます。

教職員の人間関係づくりのチェックポイント

　組織をうまく動かすための最も基本的な仕掛けは，教職員の良好な人間関係を構築することです。「ソーシャル」と「パーソナル」の二面を充実させるために，管理職と教職員が日々工夫できることを述べます。

　なお主に「ソーシャルな人間関係」「パーソナルな人間関係」の形成との関係が深い取組みです（図 2-1，p.25）。

ⓖちょっとしたフォローを！

　「助け合いの関係」が築かれるために大切なのは，普段からのちょっとした心遣いです。表現を変えると，同僚が気がついていない点をさりげなくフォローすることです。同僚の仕事が上手く進むように，手が回っていないところや，手が回らなそうなところを，サポートしてあげるのです。

　例えば，学級担任との面談のために保護者が来校した時には，そこに居合わせた教職員が，学級担任に連絡して，先に保護者を応接室などに案内します。また，資料を手に急いで応接室に来た学級担任には，余裕がありません。お茶を出してあげましょう。

　また，同僚が求めている情報を知らせたり，相談に応じたりします。

❼ふだんのマナーも大切！

「助け合いの関係」を築くには，対人マナーをきちんと発揮することも必要です。

先ほどの例ですと，保護者との面談終了後，学級担任から同僚に「ありがとう，助かった」「今度は，私も協力するからね」と感謝の気持ちを伝えます。感謝の気持ちを表すことは，人間関係の潤滑油になります。

心配りが無い，感謝の気持ちを伝えない教職員がいると，その影響で組織がうまく機能しない場合もありますから，そういう職場では，ベテランの教職員が率先してモデルを見せていくことが必要です。

また，モデルを見ても学習しない教職員には，態度を改めて欲しいことを率直に伝えましょう。「同僚として伝えるね。親しき仲にも礼儀ありって言ってね，仲間から助けてもらった時には"ありがとう，助かりました"と感謝の気持ちを伝えることが大切ですよ。職場は助け合って成り立つのですよ」と。

言われたほうは耳が痛いでしょうが，その後変化見られたら，「助言したことを実行してくれてうれしいよ」と賞賛します。

教職員間にパーソナルな助け合いが広がっていく結果，危機的な状況でも組織的に対応することができるのです。

❽明るい職場づくりは管理職から

チーム力の高い学校組織は，職員室が活気に満ちています。

活気ある職場は教職員がめざす方向が明確になっています。

そのような職場にするためには，年度始めや学期始めに，学校長，副校長，教頭，教務主任などが学校運営方針を確認します。毎日情報交換する時間を設けて，方針に沿った教育活動になっているかを確認し，徹底させます。進もうとする道が明確であると，不安が減り意欲

が出てきます。

　さらに，職場環境の課題を解決する取組みを継続して進めます。

　職員朝会を始める前に一言加えるだけでも良いと思います。例えば，「本日，三月十五日は，百四十二名の巣立ちを祝う卒業式の日です。卒業式は最も晴れ晴れとした学校行事です。職員全員の力を合わせて成功させましょう！　それでは職員朝会を行います」と意欲を高める話をします。

　このような取組みを管理職が率先して毎日コツコツと続けます。

⓭隙間仕事も管理職から

　学校での取組みの面倒な部分は管理職が率先して引き受けます。

　隙間の仕事，係や担当者が決まっていない細かい部分は，管理職が気を利かせて働きます。

　管理職だけでこなしきれないところは，ベテランの教職員に依頼します。例えば，「若手の教職員が気が付かないところは，教職経験が豊富な先生方が手を貸して補っていただきたい」と率直に伝えます。

　ベテランが率先して動くことで，若手の教職員も，仕事を覚えていきますし，全員で協力して取組むことを学んでいきます。

⓮教職員同士の役割交流のコツ！

　業務上の交流では，担当者の意見を重視します。そのねらいは，「担当者に当事者意識をもたせる」ためと，「担当者に情報を集める」ためです。

　そして，教職員の年度末反省会では，目標を達成できたか否かを振り返るだけでなく，達成できた理由やできなかった理由についても話し合います。また，次年度の課題は，課題達成のための次年度の方案も含めて話し合います。こうすると，担当者の意見を取り入れやすくなります。

㉑管理職の役割交流のコツ！

　管理職は，教職員の「自身の専門性を高めたい」という欲求を満たすように指導援助します。

　例えば，出勤簿を校長室に置いて，毎朝必ず教職員と顔を合わせるようにします。押印のために校長室に来室した時に，「〇〇先生，昨日，廊下から授業を拝見しましたよ。生徒が楽しそうに取り組んでいましたね。生徒の表情からいい授業をされているのがわかりましたよ」と声をかけるのです。管理職が，教室や児童生徒，教職員を見守っていることを伝えられると，教職員は嬉しくなるものです。

　また時に，教職員としてふさわしくない言動がある時には，襟を正すような指導も行います。管理職は教職員に対して，指導と援助をバランスよく発揮しましょう。

㉒プライドを傷つけない対応を！

　いじめが発生した時には，管理職が，「全教職員でいじめ問題に対応していく」という姿勢を明確に示すことが必要です。

　学級担任は「いじめがない学級」をめざして取り組んでいます。そのなかで学級担任の責任だけを追及しても，建設的な解決には繋がりません。

　「児童生徒と接する時間が長かったから」という理由で，学級担任にすべての責任を押し付けるのは誤った対応です。

㉓解決志向で話す！

　Q-Uなどを実施した際に，結果が悪くて落ち込む教職員がいます。

　そういう時には，尺度を活用するねらいを説明します。良い悪いという評価にこだわるのではなく，今後良くするため，課題を見つける尺度であることを説明します。

　さらに，結果のなかから良いところを見つけて，そこを伸ばすには

どうするかという視点で助言をします。

㉔パーソナルな事情に寄り添う！

　教育活動が順調に進まない教職員のなかには，家庭内の問題や健康上の問題を抱えている者もいます。そのような時は多くのことを求めずに，得意な領域に関する役目を与えて活躍する場を提供します。

　活躍している姿を児童生徒や同僚たちが知ることでその教職員の評価は高まりますし，本人も自信を得ることができるでしょう。

㉕感情交流のコツ！

　管理職としての役割交流だけでは，教職員との心の距離が縮まりません。パーソナルな関係を築くために，時には役割から降りて，感情を示してかかわることも大切です。

　例えば，お菓子を用意して，教職員と一緒にお茶を飲んだり，パーソナルな会話を楽しんだりする「気さくさ」が必要です。教職員は管理職の人間性に触れることで，管理職を身近に感じて関係性を深めるのです。

　「教職員間の関係性が低下したのはノミ（飲み）ュニケーションが少なくなったからだ」とも言われますが，飲み会を増やそうとしても，現在の学校環境では難しいこともあります。ノミュニケーションに代わるコミュニケーションを深める工夫をすることが必要です。

教職員研修の必要性

　多くの教職員はいじめの研修を受けておらず，いじめの知識理解や対応スキルを習得していないのが現状です。したがって，学校のいじめ対策としては，まず何よりも先に，全教職員に対する，いじめの知識理解や対応スキルの習得をめざす研修会を実施することが必要です。

　職場の全教職員が研修のために各県教育センターなどに出向くこと

には無理がありますから,各校が自前で基本的な研修を行うのです。

例えば,各学校のいじめ対策委員会が「いじめに関する校内研修ツール」(国立教育政策研究所生徒指導研究センター)などの資料を用いて定期的に研修するのです。資料については下記を参照してください。

(https://www.nier.go.jp/shido/centerhp/ijimetool/ijimetool.htm)

いじめ対策委員会の研修担当者には,充実した研修会にするための情報収集が強く求められます。例えば,各都道府県教育センターなどの研修を受講して,最新情報に基づく伝達研修を行うのも一つの手段です。

一つのテーマについて,最低でも学期に一回ごと,年間三回程度の研修が必要です。そのような研修を行うためには,いじめ未然防止計画のなかに教職員研修を組み込むことが必要です。筆者は,各県教育センターなどの研修の直後に伝達研修を予定することをお薦めします。

多忙ななかでもなるべく多くの教職員が参加できるように,年度当初の職員会議で研修日と具体的な研修内容,研修の意義や必要性等を教職員に周知徹底することも,管理職や研修担当者の大事な役目です。

いじめと疑われる事象が報告された場合

いじめを察知して,いじめ対策委員会に報告するまでが発見した教職員の責務です。その後の対応はいじめ対策委員会主導で行います。

いじめの対応において,これまで教職員は学校全体の問題として捉えることが少なく,個人の責任感から学級担任など一部の教職員で解決しなければならないという思いを強くもち,必要な調査を十分行うことなく早急に解決しようとする傾向が多く見られてきました。

そのため謝罪会の場で「いじめた」「いや，いじめていない」というやりとりが起こることもしばしば見受けられました。

つまり，謝罪や責任を形式的に問おうとすると，いじめ問題の解決には繋がらないことが分かります。

いじめの解決では，少時間がかかってもいじめの事実関係をしっかりと調査し，被害者と加害者，双方の保護者に学校が毅然として，公平かつ公正に一貫性をもった態度でいじめの解決に取り組んでいるということを理解してもらうことが大切です。

以下で，組織的対応の基本的な流れと対応のポイントを四段階に分けて説明します。

第一段階　いじめかどうかの仮判断
❶教職員からの報告
　教職員は，いじめと疑われる行為を察知したら，必ずいじめ対策委員会に報告します。特に，緊急の介入後は「これで大丈夫」と個人的な判断を加えずに，どんな些細なことでも情報カードなどに書いて報告します。
❷仮判断
　いじめ対策委員会は，収集した情報を整理して，いじめか否かの「仮の判断」をします。委員会のなかにいじめ対策の専任者が設定されている場合，専任者が「仮の判断」を行います。
❸いじめの可能性が「低い」場合
　「いじめの可能性が低い，つまり遊びや悪ふざけのレベル」という仮の判断をした時は，当該児童生徒の学級担任に情報を伝えて，継続して注意深く観察することを指示します。その際，情報カードのコピーを渡しておき，その後の観察から得られた情報を書き加えてもら

い，定期的に報告させます。

❹いじめの可能性が「高い」場合

「いじめの可能性が高い」という仮の判断をした時は，いじめの状況をさらに詳細に調べるための準備をしましょう。

公平性を担保するために，複数の教職員で役割分担します。例えば，「被害が疑われる児童生徒には学級担任，加害が疑われる児童生徒には学年主任，周囲の児童生徒には学級副担任と学年担当者……」というように割り当てていきます。

また，次の会議予定を決め，期限を切って情報を集めます。複数の児童生徒によるいじめや校外でのいじめの場合は，広く情報を集めるために「緊急のいじめアンケート」を実施します。

第二段階　事実確認のための聞き取り
❶聞き取りのポイント

「いじめと疑われる状況はいつ頃から続いているか」「どのような被害があるか」「一対一ではなく複数の加害児童生徒が関わっていないか」「いじめを目撃した児童生徒はいないか」など具体的な状況について，被害が疑われる児童生徒と加害が疑われる児童生徒，周囲の児童生徒から聞き取ります。

聞き取りの前には，管理職が被害が疑われる児童生徒と加害が疑われる児童生徒，周囲の児童生徒の保護者に連絡して，「いじめと疑われる行為があること」を伝えて，「事実確認のために，具体的な状況の聞き取りを行うこと」への協力を求めます。保護者への第一報は，被害と加害のどちらの場合であっても，管理職が連絡して，学校全体で対応していることを伝えます。

聞き取りは，家庭訪問して保護者を交えて行うのが望ましいです。

聞き取りに際しては、「いじめと疑われる行為」であることを意識して、「いじめ行為」という断定的な表現は避けます。また、児童生徒及び保護者の心情に配慮して、プライバシー保護には十分に留意することを伝えます。

事情によって、学校で聴取を行う時は、複数の教職員が聴取すると共に、聴取時間や聴取場所の環境、休憩や飲食などにも留意します。

❷被害が疑われる児童生徒及び保護者への聞き取り

被害を受けた児童生徒は「いじめがエスカレートするのが恐い」「大人が関わっても解決しない」「親に心配かけたくない」などの理由から、状況を話すことに躊躇することが少なくありません。

児童生徒と保護者の不安を除くために、学校が徹底して守り通すことを最初に伝えましょう。

また被害を受けた児童生徒にとって、具体的な状況を思い出すのはつらいことです。無理させず児童生徒のペースで聞き取りましょう。

児童生徒が話しやすくなるように、カレンダーや学校の見取り図、記録用紙を用意して臨むとよいでしょう。

❸加害が疑われる児童生徒及び保護者への聞き取り

加害を行った児童生徒は、自分の行為が「いじめ」に該当すると思っていないことも多く、「いじめがなかったか」と尋ねても、心当たりがないと応答することがあります。その場合、自分が取った行為で、誰に、何が起こったか、考えさせることが必要です。教職員から「いじめと疑われる行為」について提示したうえで、「どうしてそのような行為をしたくなったのか」と問いかけます。

ここで注意したいのは、教職員は「加害を行ったことを児童生徒がごまかしている」と思い込むなどして、叱責などで強制的にいじめ加害を認めさせることのないように、冷静に聞き取る必要があるという

ことです。

　児童生徒が，加害行為を認めた後で，「みんながやっているから自分は悪くない」「遊びです」などと応答をすることがあります。その場合には，いじめとはどういうことなのかを話しながら，自分がとった行為を振り返らせます。被害が疑われる児童生徒あるいは保護者の気持ちを考えさせてみることも有効です。

　聞き取りを進めながら，いじめは「相手の人格を傷つけ，身体や生命を脅かす行為」であり，「人として許されない行為」であることを理解させて，自らが取った行為の責任を自覚させます。

　そして児童生徒のいじめの理解が進み，自分の行為はいじめであったという認識に至った場合は，いじめの状況を時系列で書面に記録させます。

　その後，児童生徒が話したことや記したことを保護者と確認します。

　保護者にとって子どもの加害の事実を認めることは苦しいものですから，保護者の気持ちに理解を示しながら，学校は加害者の児童生徒も含めて，すべての児童生徒を見守り育てていくことを伝えます。

　そのうえで，保護者には，以後の対応への協力を求めます。

❹周囲の児童生徒への聞き取り

　周囲の児童生徒からの聞き取りは，個別に行います。誰が何を言ったかが分かると，いわゆるチクッたことになるからです。

　最初に，「いじめをはやし立てるなどの行為は，いじめに加担することに等しい行為である」と伝えます。

　また，教職員がいじめの解決に向けて真剣に取り組んでいることを伝えて，知っていることを話してほしいと促します。

❺いじめか否かの認定会議

　集めた情報はできればいじめ対策の責任者が整理しておき，その後

いじめ対策委員会の会議を開きます。いじめの定義に当てはまるかどうかを客観的に判断して，委員会として「いじめ」と認定するか否か判断をします。

「いじめ」と認定した場合には，会議後，被害者と加害者の保護者に，会議で正式に「いじめ」と認定したことを連絡します。それから，被害者への援助，加害者と学級集団への指導の方針を検討します。

いじめの内容が悪質であったり法に触れたりする時は，学校の設置者に報告して，外部機関との連携の必要性も検討します。

さらに，未然防止策の見直しや再発防止策の検討を行います。

第三段階　被害者の安全確保と情報提供者の保護

❶被害者の安全確保と継続的な援助

被害者の安全確保とは複数の対応を意味します。

一つは自殺の危険性を取り除くこと，二つはいじめによるダメージのケアのこと，三つは今後の報復から守ることです。

特に，被害が長期に渡っている場合には，自殺の予防とダメージのケアのために，スクールカウンセラーなど専門家の協力が必要です。

また，全教職員で被害者の学校での生活の様子を注意深く観察して，学級担任は面接を頻繁に行います。保護者に対しては，学級担任が定期的に学校生活の様子を連絡することが大切です。

学級担任は，一～三か月程度は，報復を含め，学級内に新たないじめが起こっていないか十分に注意します。

❷情報提供者の保護

児童生徒が情報提供者の場合，情報提供という行為によって，「次のいじめのターゲットになるかもしれない」という不安をもっています。

情報提供者に対しては，勇気を出して情報提供してくれたことに感

謝を述べたうえで，保護策を実施します。

　例えば，いじめの察知が児童生徒からの情報提供によるものでないことをカモフラージュするために，緊急のいじめアンケートを実施して，そこから得た情報であるとしたり，いじめをとても心配している外部の人からの情報提供であったとしたりします。

第四段階　加害者及び学年・学級集団への継続的な指導
❶加害者への継続的な指導

　加害者自身に，「どうしていじめの行為を行ったのか」を明らかにさせます。その指導の過程で，自らの行為の責任を取る必要があること，まずは被害者に謝罪する必要があること，を自覚させます。

　例えば加害者が中学生であれば，内省を促すために「生い立ち記」を書かせます。その際，「小学校一年生の時の一番楽しい思い出は何だった？」と尋ねたり家族との関係を思い出させたりします。

　加害者自身に「謝罪をしたい」という気持ちが強くなった時点で，謝罪会を行います。

　さらに，加害者には特別な指導計画を立てます。必要があれば出席停止や警察との連携をとることも含め，毅然と対応します。

❷学年・学級集団への継続的な指導

　「いじめを許す空間」（竹川，1993）を無くするように，全体的な取組みを行います。学校生活の規律を遵守し，いじめを許さないという意識を高めていくのです。

　例えば，学年集会で規律の意義を伝達するような講話を行ったり，他者と協力する方法や良さが体験学習できるように，学級内でグループワークを行ったりします。

第3章 早期発見のチェックポイント

　本章では，いじめを早期に発見するためのチェックポイントとQ-U活用法を解説します。

　いじめの被害が見えづらい児童生徒がいます。

　例えば，日頃から気になる児童生徒のいじめ被害を把握することは，比較的容易と考えられます。もし異変があれば，申し送り書類や各種調査結果，日常的な観察を通じて，被害が目に付きやすいからです。

　しかし，指導上の困難が少なく教職員の負担が少ない児童生徒や，「リーダー的存在として活躍している」「対人関係は良好」などの良好な側面が目立つ児童生徒については，傍目からはいじめ被害が見えづらくなりがちな点に，注意が必要です。

　いじめを早期に発見するためには，学級集団のなかで見えなくなりがちな，児童生徒個人が発する些細なヘルプサインを読み取る，という方法論をもっておくことが必要です。

　本章では，いじめを早期に発見するために，Q-Uをどのように活用することができるか，「Q-U結果のどこを見るか」「教職員個人」「学年」「学校全体」の視点ごとに考えてみたいと思います。

Q-U結果のどこをみるか

いじめ被害を問う項目

　Q-U にセットされている『いごこちのよいクラスにするためのアンケート』(学級満足度尺度) には，いじめ被害を直接的に問うている質問項目があります。例えば，学級や部活動のなかで「冷やかされていないか」「からかいを受けていないか」「悪口を言われていないか」「暴力を受けていないか」「無視をされていないか」のような質問項目です。以降，本書では「いじめ対策項目」と表します (図 3-1, p.47 参照)。

　Q-U の結果が出たら，いじめ対策項目について，「よくある・とてもそう思う」とか「ときどきある・少しそう思う」と回答した児童生徒がいないか，まずチェックします。

　もし該当する児童生徒を発見したら，なぜそのような回答をしたのか，詳しいアセスメントが必要です。ひとまず，Q-U の結果シートに直接，蛍光ペンで色を塗っておくことをお薦めします。

　実際にチェックしてみると，いじめ対策項目に反応している児童生徒の多くは，侵害行為認知群や学級生活不満足群にプロットされていると思います。つまり，教職員が日頃より個別対応が必要だと感じている児童生徒や，既にいじめ問題への対応を開始している児童生徒が，ほとんどだと思います。

学級生活満足群の児童生徒

　見落としがちなのは，「学級生活には全般的に満足しているが，学級内の人間関係については悩みがある」という児童生徒です。Q-U

の枠組みで考えてみますと,「学級生活満足群にプロットされているが,いじめ対策項目のうち,およそ一,二項目で『ある・そう思う』と答えている」児童生徒です。

Q-U の結果を見るときは,どの児童生徒についても最低限,いじめ対策項目の回答をチェックすることが必要です。

いじめはあってはなりませんが,すべての児童生徒がいじめ対策項目に「ない」と答えている学級は稀で,満足型学級集団にもいじめ発生の可能性はあります。このような事実も知っておき,教職員は常に「いじめを訴える児童生徒がいる限り,早急に対応する」「いまこの児童生徒の訴えを放っておくと,後に深刻ないじめに発展する可能性がある」という意識をもち,対策に万全を期することが大切です。

被害が疑われる児童生徒のアセスメント

Q-U の結果で「不満足群」「侵害行為認知群」にプロットされ,且ついじめ対策項目についても「よくある・とてもそう思う」「ときどきある・少しそう思う」と回答した児童生徒に対しては,なるべく早いうちに,アセスメントのための個別面接を行いましょう。

面接の前には,児童生徒の Q-U の回答を改めてチェックしておきましょう。いじめ対策項目だけでなく,『やる気のあるクラスをつくるためのアンケート』(学校生活意欲尺度) の得点の高い領域についても,どのような回答をしているか,確認しておきましょう。

面接のなかでは,気になる点について尋ねるなどの情報収集だけでなく,承認感を高めるために「あなたのよいところを,先生はちゃんと見ているよ」というメッセージを必ず送りましょう。がんばっている点をほめたり,みんなのために役に立っている行動に「ありがとう」と礼を述べたりしましょう。

図3-1 Q-Uの「いじめ対策項目」をチェックする！（Q-U回答一覧表）
B．いごこちのよいクラスにするためのアンケート（学級満足度尺度）

【小学校1～3年用，小学校4～6年用】

出席番号	名前	承認得点						計	被侵害得点					
		1	2	3	4	5	6		7 つらい思いをしている（言葉）	8 つらい思いをしている（暴力）	9	10	11	12 クラスの人に無視されている
1		2	1	2	4	4	3	14	1	1	1	1	2	4
2		1	2	3	2	2	1	11	2	2	1	1	1	2
3	植田　真樹	4	4	4	4	4	4	24	**4**	**4**	4	4	4	**4**
4		3	3	4	2	2	4	20	2	2	1	2	2	1
5		4	4	4	4	4	3	23	2	1	3	1	3	1
6	川口　誠二	3	3	4	3	3	3	19	**3**	**3**	1	1	1	**3**
7	神田　正雄	2	4	4	4	4	3	21	**4**	1	1	1	1	1
8	北川　武彦	2	4	4	3	4	4	21	2	1	3	1	1	**3**
9	木原　浩司	3	1	4	3	3	2	16	**3**	1	4	1	2	1
10		3	3	4	3	3	3	19	1	1	1	1	1	1

吹き出し：回答が4か3の児童はいじめを受けている可能性が高い

4…とてもそう思う，3…少しそう思う，2…あまりそう思わない，1…まったくそう思わない

【中学校用】

出席番号	名前	承認得点										計	被侵害得点			
		1	2	3	4	5	6	7	8	9	10		11 無視されることがある	12 からかわれたりばかにされる	13 冷やかされることがある	14 ひどい悪ふざけをされる
1	赤木　三郎	3	5	3	4	3	3	5	4	5		35	2	**4**	3	**4**
2		3	4	5	5	4	3	4	5	5	4	42	1	1	1	1
3		4	4	4	3	5	5	4	5	5	5	45	2	2	1	3
4	江尻　毅	3	3	3	4	3	5	5	4	2	3	35	3	**4**	2	3
5		3	3	3	2	2	1	1	3	1	1	20	1	1	1	1
6		2	3	3	3	3	3	3	3	3	3	29	3	3	2	3
7	神田　正雄	5	5	5	5	5	5	5	5	5	5	50	**5**	**5**	**5**	**5**
8	北川　武彦	4	4	3	5	3	2	5	4	4	5	39	2	**4**	2	2
9	木原　浩司	5	5	4	5	4	3	1	3	5	1	36	**5**	**5**	**5**	**5**
10	桑田　健一	3	4	3	5	3	3	4	2	3	4	34	3	**4**	1	2

吹き出し：回答が5か4の生徒はいじめを受けている可能性が高い

5…とてもそう思う，4…少しそう思う，3…どちらとも言えない，2…あまりそう思わない，1…全くそう思わない

面接の後では，面接の結果を校内のいじめ対策委員会に報告したうえで，組織的な対応を計画的に実行しましょう。
　一方で，プロット位置が「不満足群」「侵害行為認知群」以外でも，いじめ対策項目で「よくある・とてもそう思う」「ときどきある・少しそう思う」と回答している児童生徒には，必ず声を掛けましょう。
　そのなかで，もし，いじめと疑わしき点が見つかれば，いじめ対策委員会へ報告しましょう。それ以外の場合であっても，該当児童生徒の情報を学級担任が抱え込むようなことはせず，いじめ対策委員会や学年団で状況を報告し合い，組織的に対応しましょう。

学級集団のアセスメント

　いじめ予防の第一歩は，学級集団の体質改善です。つまり，Q-Uのいじめ対策項目の回答状況を見て，「よくある・とてもそう思う」「ときどきある・少しそう思う」の出現率が高い学級集団は，体質改善が求められていると考えましょう。
　対策を考えるためには，学級集団全体のいじめ対策項目への回答状況を，質問項目ごとに集計したうえで，「よくある・とてもそう思う」「ときどきある・少しそう思う」と回答した児童生徒の出現率が全国の傾向を上回っていないか，チェックしてみるとよいでしょう。
　出現率が全国の傾向より高い項目については，改善に向けた対応を学級経営に位置づけて，計画的に実行しましょう。
　Q-Uのいじめ対策項目について，「とてもそう思う」か「そう思う」と付けている児童生徒の出現率の全国傾向は，小学校4～6年では，『つらい思い（言葉）をしている』が約4割，『つらい思い（暴力）をしている』『クラスの人に無視されている』が約2割です。
　また中学校では，『無視されることがある』『冷やかされることがあ

図3-2 学級内のいじめ出現率をチェックする！（Q-U回答一覧表）

B. いごこちのよいクラスにするためのアンケート（学級満足度尺度）「質問項目別回答集計表」

【小学校4〜6年用】

回答	学級 人数	%	学年 %	全国 %	全国との比較 回答	全国との比較 学級	回答	学級 人数	%	学年 %	全国 %	全国との比較 回答	全国との比較 学級
							7. つらい思い（言葉）をしている						
4	6	17.1	21.7	18.4			4	5	14.3	23.3	14.0		
3	16	45.7			回答4と3の合計が4割を超えていないか		3	15	42.9	36.7	28.7	↓	
2	11	31.4					2	12	34.3	19.2	28.1		
1	2	5.7					1	3	8.6	20.8	29.2		
							8. つらい思い（暴力）をしている						
4	11	31.4	31.7	38.6			4	5	14.3	4.2	7.7		
3	17	48.6			回答4と3の合計が2割を超えていないか		3	10	28.6	11.7	13.7		
2	4	11.4					2	8	22.9	34.9	27.8		
1	3	8.6					1	12	34.3	49.2	50.8		
							12. クラスの人に無視されている						
4	12	34.3	17.5	34.1			4	2	5.7	4.2	5.9		
3	15	42.9			回答4と3の合計が2割を超えていないか		3	9	25.7	7.5	13.1		
2	7	20.0					2	6	17.1	39.2	28.4		
1	1	2.9					1	18	51.4	49.2	52.6		

4…とてもそう思う，3…少しそう思う，2…あまりそう思わない，1…まったくそう思わない

【中学校用】

回答	学級 人数	%	学年 %	全国 %	全国との比較 回答	全国との比較 学級	回答	学級 人数	%	学年 %	全国 %	全国との比較 回答	全国との比較 学級
							11. 無視されることがある						
5	4	10.8	14.2	15.8			5	3	8.1	5.0	4.4		
4	11	29.7			回答5と4の合計が1割を超えていないか		4	2	5.4	8.3	7.7		
3	14	37.8					3	7	18.9	20.8	16.7		
2	6	16.2					2	10	27.0	23.3	20.7		
1	2	5.4	9.2	6.4			1	15	40.5	42.5	50.5		
							12. からかわれたりばかにされる						
5	9	24.3	15.0	11.0			5	4	10.8	9.2	6.8		
4	11	29.7			回答5と4の合計が2割を超えていないか		4	10	27.0	13.3	12.5		
3	10	27.0					3	4	10.8	20.0	17.9	↓	
2	6	16.2					2	8	21.6	24.7	22.3		
1	1	2.7	9.2	8.4			1	11	29.7	32.5	40.5		
							13. 冷やかされることがある						
5	7	18.9	25.0	20.5			5	2	5.4	3.3	3.9		
4	13	37.8			回答5と4の合計が1割を超えていないか		4	1	2.7	8.3	5.7		
3	14	24.3					3	5	13.5	17.5	14.2		
2	5	13.5					2	9	24.3	16.7	17.5		
1	0	5.4	9.2	6.0			1	20	54.1	54.2	58.7		
							14. ひどい悪ふざけをされることがある						
5	7	18.9	23.3	23.5			5	2	5.4	4.2	5.2		
4	14	37.8			回答5と4の合計が1割を超えていないか		4	2	5.4	9.2	6.5		
3	9	24.3					3	8	21.6	17.5	11.8		
2	5	13.5					2	11	29.7	18.3	14.7		
1	2	5.4	8.3	8.5			1	14	37.8	50.8	61.8		

5…とてもそう思う，4…少しそう思う，3…どちらとも言えない，2…あまりそう思わない，1…全くそう思わない

る』『ひどい悪ふざけをされることがある』が約1割，『からかわれたりばかにされる』が約2割です。

一方で満足型の学級集団でも，小学校4〜6年で『クラスにいたくないと思うことがある』が2割，中学校で『学校に行きたくないときがある』が3割を超えている場合は，いじめ対策委員会に報告したうえで，組織的な対応を計画的に実行しましょう。

なお，もし出現率が全国の傾向を下回っていたとしても油断禁物です。学年団で状況を報告し合い，組織的に対応しましょう。

学級担任の取組み

アセスメントのための面接

Q-Uやいじめアンケートの結果から，いじめ被害が疑われる児童生徒に対しては，学級担任から本人に呼びかけて，児童生徒理解・心理教育的アセスメントのための面接を行いましょう。

早急な対応を必要とする場合も多いので，気になる回答の有無については実施当日に確認して，当該児童生徒に対しては間を空けずすぐに面接をすることをお薦めします。

❶どんなことを聞くか

例えば，「この間のアンケートで『嫌なことを言われる』というところに丸を付けていたようだけど，詳しく教えてくれないかな？」などと児童生徒から直接話を聞きます。

さらに「学級内の特定の一人から嫌なことをされているのか，それともみんなから言われているのか」「学級内のいつも一緒にいるようなグループ内で言われているのか」「部活動などの学級外の活動集団で言われているのか」など，該当者のいじめ被害に対する認識につい

て聞いていきます。

　児童生徒のなかには回答の丸印の付け間違いや、いま現在の学級集団内での出来事ではなく、過去のいじめ体験を想定して「嫌なことがある」と答えている場合もあります。早急な対応が必要か、あるいは経過観察でよいかの判断をするためにも、特にアンケートだけでは不明瞭な点や、矛盾や曖昧に感じられる点などは、必ず一言聞くのがよいでしょう。

❷直接的な質問が難しい児童生徒

　「『嫌なことを言われる』に丸を付けているようだけど〜」のように直接的な表現で質問をすることが適切でない場合は、「最近元気が無いようだけど、何か困っていることは無いかな？」などと、日頃の様子をもとに聞いてみるとよいでしょう。

　このとき、「別に」「何でもありません」と答える場合は、「何か困ったことがあればいつでも教えてね」とか「担任の○○先生でなくても教科や部活動の先生など、あなたの話しやすい先生に伝えていいのだからね」と、複数の教職員の名前も挙げながら、いつでも話を聞くことを伝えておきましょう。

　そして、面接で名前を挙げた教職員には情報共有をお願いして、当該児童生徒のQ-Uやいじめアンケートに気になる回答があったことや、日頃の様子などを伝えましょう。

治療的援助としての面接

　いじめ被害を受けている児童生徒から「相談したい」と訴えがあった場合は、児童生徒の心身の傷つきに対する十分なケアが必要です。

❶どんな援助をするか

　「相談したい」「聞いてほしい」という訴えがあった場合は、すぐに

作業の手を止め，児童生徒の話にじっくり耳を傾けましょう。そして，背景にある感情を理解することをめざして，言葉のみでなく，視線や表情，姿勢や服装など非言語的表現にも注意を向けましょう。

また場合によっては，児童生徒の成長へのきっかけとなるように，具体的なアドバイスを与えることも必要です。

❷被害者意識の高い児童生徒

児童生徒の話を聞くなかで，あるいは日常生活の様子を観察するなかで，「いじめ被害を訴える児童生徒の行動が，他の児童生徒からいじめ加害と受け取られている」場合や，「いじめ被害を訴える児童生徒の行動や態度を改善すると，対人関係がより円滑になると考えられる」場合，また「多数の児童生徒がいじめと受け取らないような行為や場面や状況を，その児童生徒特有の考え方で『いじめ』と捉えていると考えられる」場合などがあります。

こういう時，言動の矛盾などについての言及は次の段階で行うこととして，まずは児童生徒のつらいという感情を受け止めることが大切です。

いじめられた児童生徒の心の傷は，つらい感情や痛みを伴う身体感覚を，正当なものと承認されない時に，二次障害となって心に刻まれます。いじめ被害者が何よりもまず必要とするのは，「気にしないように」「自分の悪い点も考えるように」というような冷静さを取り戻すことを促す言葉ではなく，自分に対して理解を示し，自分をありのままに受け入れてくれる存在です。

つらさの訴えを十分に聞いた後に，具体的な問題把握に移ります。

問題発生の状況や経緯，問題解決のためにいままで取ってきた方法，当該児童生徒の性格や考え方の特徴や家庭環境などを，必要に応じて聞いていきましょう。

被害が疑われる児童生徒の観察

いじめ被害が疑われる児童生徒については，その児童生徒の様子を，日々の授業や学校生活を通じて観察することが必要です。

❶授業・活動

授業中に，児童生徒が失敗したり解答を誤ってしまった際に嘲笑や揶揄が無いか，悪ふざけ行為（突いたり，消しゴムの小片を投げたりなど）が無いか，また，侮辱的または自尊心を傷つけるような言動が無いか注意して観察しましょう。もし，そのような行為があった場合は，見逃さず，指導します。

❷生活（休み時間や放課後など）

授業中のみでなく，朝や業間の休み時間や放課後なども教室に居て，児童生徒の様子を観察します。

いじめは教職員の介在しない時間帯や教職員の目の届きにくい場所で行われることが多いので，いじめが疑われる場合には長時間児童生徒だけにならないような環境をつくることがポイントです。

❸学級外（部活動や課外活動など）

いじめは学級内のみでなく，部活動や課外活動などでも起こる可能性があることを考慮します。各担当の教職員にもよく観察してもらうことを依頼し，定期的に情報交換をしましょう。

学級集団の体質改善

いじめ被害が疑われる児童生徒が多い学級では，個人間のトラブルを解決するだけではなく，学級全体に対して，被侵害感を減らす取組みを早急に行う必要があります。

下記に河村（2012）より，対応方法について紹介します。

❶教職員と一人一人の児童生徒との二者関係づくりを行う

　被侵害感をもつ児童生徒が多くなってしまった背景には，混沌・緊張期や小集団成立期で学級集団内の児童生徒同士の対人関係をうまく形成・維持できなかった，過度に不安や緊張が高くなり，ストレスを適切に処理できなかった，という要因があることが考えられます。

　よって，学級集団づくりを再スタートするつもりで，もう一度，教職員と児童生徒との二者関係づくりの取組みを行います。

❷対人関係におけるルールやマナーの見直しを行う

　いじめ問題が多い学級では，休み時間や放課後の児童生徒の会話のなかに，うけをねらったきつい言葉や，冗談半分のつもりの「相手を不愉快にする言葉」が入っていることが少なくありません。

　そこで，学級内で，これまでの学級生活でどんな言葉や行動が嫌だったか，どんな言葉や行動が嬉しかったかについて確認します。

学級内のルールやマナー見直し策の例

①学級内でどんな言葉や行動が嫌か，どんな言葉や行動が嬉しいかについて，一人一人紙に書く

②教職員が回収し，書かれている内容についてKJ法の要領で教職員が整理してまとめる

③まとめたものを児童生徒に見せ，隣同士や班などでどんな感想をもったか伝え合う。教職員も思いを自己開示する

④出された意見や感想をもとに，学級全体で，嫌な言葉，嬉しい言葉のランキングを行う。上位一つか二つに絞り込み，話し合った後の一週間をチャレンジ期間として，「嫌な言葉は言わない」「人を嬉しくさせる言葉を使う」ことを徹底する

⑤チャレンジ期間が終わったら振り返りをして，できていなければなぜでき

なかったのかを考えさせる。できていれば，次の言葉や行為を対象にする，などの取組みを行う

❸学級生活を送る際の最低限のルールを教えていく

　当番活動や役割などがきちんと遂行できていない場合は，やり方を一つ一つ具体的に教えていくことが必要です。

　指導のコツは，集団生活をより充実させるために必要な学級集団のルールは，教職員が一方的に押しつけるよりも，児童生徒から提案させながら一緒につくっていくほうが定着しやすいということです。

　例えば，友達同士の関わり方のマナー，学校のきまりに沿って行動する仕方，係の役割，生活班での活動の仕方について，❷の要領で，教職員も含めた学級全体で，ルールに従うことを契約するのです。

❹学級生活で必要なソーシャルスキルを身に付けさせる

　ソーシャルスキルとは，集団のなかでいろいろな人と関わり合っていくための，対人関係形成・維持に関するコツのことです。これをしっかり身に付けないと，社会に出たときに困るのは児童生徒であると考えて，根気よく取り組むことが必要です。

　ソーシャルスキルの練習は，
　　①望ましい行動の意味を説明する
　　②行動の仕方を具体的に教える
　　③実際にやってみせる
　　④簡単に練習させる
　　⑤良い点をほめてポイントを確認する
という五つのポイントを踏まえて構成します。

　コツは，「なるほどやってみたいな」→「やれそうだな」→「なんとかできるな」→「やってみるといい感じだな」→「これからも進ん

でやっていこう」という，児童生徒の意欲の高低に合わせながら展開していくことです。

話し方・聞き方などの基本的なソーシャルスキルの練習は，座席が隣同士の二人組で，朝や帰りの会に短時間で行うとよいでしょう。

集団活動に伴うソーシャルスキルの練習は，生活班などの四人組で展開するとよいでしょう。実際やってみる児童生徒と，それを側で観察しながら評価する役割を設定します。最後は必ず取り組んだメンバー同士で良かった点を認め合い，感想を交流させます。

❺楽しく行って日常生活に広げていく

ルールやマナーは，かたちだけ厳しく指導すると，教職員の見ている前だけで行動する，ということになりがちです。

習慣化させるためには，楽しい流れのなかで，うまくできた点をほめながら行うのが大事です。

学校生活のなかで，場面ごとに，定めたルールに沿って，きちんとできている行動を意識的に取り上げてほめたり，その週の生活目標にして帰りの会に確認したりします。最初はこまめに確認して，定着するのに伴って，その間隔を広げていくとよいでしょう。

学年の取組み

被害が疑われる児童生徒の情報共有

いじめ被害が疑われる児童生徒については，いじめ対策委員会に報告すると共に，学年の教職員全員で情報を共有する必要があります。

各教職員は児童生徒の顔と名前を把握して，それぞれが担当する授業や部活動で，いじめを受けている様子がないかを観察します。

もし，いじめ被害が確認されたら，学年で話し合い，対応します。

図3-3 Q-Uで「教師との関係」をチェックする！（Q-U回答一覧表）

A. やる気のあるクラスをつくるためのアンケート（学校生活意欲尺度）

【中学校用】

出席番号	名前	友人との関係					学習意欲					教師との関係			
		1	2	3	4	計	5	6	7	8	計	9	10	11	12
1		3	5	3	4	15	3	3	3	3	12	3	2	4	3
2		4	5	5	4	18	4	4	4	5	17	3	3	3	3
3		4	4	4	3	15	5	2	3	4	14	2	2	2	1
4		3	3	4	3	13	3	5	3	4	15	3	4	4	2
5	笠間　裕二	3	3	3	2	11	1	1	3	1	6	1	2	2	1
6		2	3	3	3	11	3	3	3	3	12	4	4	3	3

吹き出し（列9付近）：「いじめを受けていても教職員に相談できないでいる可能性が高い」／「学校内に悩みを相談できる先生がいる」

5…とてもそう思う，4…少しそう思う，3…どちらとも言えない，2…あまりそう思わない，**1…全くそう思わない**

気になる児童生徒への声かけ

　いじめを受けている様子が見られない場合も，学年の教職員は，要支援群に入っている児童生徒には特に，見かけるたびに声をかけましょう。声をかける時は，「○○さん，おはよう」「○○さん，昨日は部活動でがんばっていたね」など，児童生徒の名前を呼び掛けるとよいでしょう。

　孤立感の高い児童生徒に対しては，学級担任は良好な関係を継続すると共に，過度の依存・共依存関係にならないよう注意が必要です。また，学校内のできるだけ多くの教職員が人間関係を形成していくことが必要です。

　Q-Uで要支援群と判定された児童生徒については，「学校内で話ができる人が学級担任以外ほとんどいない」という状態に陥っていないか，確認が必要です。児童生徒が学級担任のみを頼っている状況は，

もし，学級担任との関係がぎくしゃくするようになった時に，その児童生徒の孤独感がぐんと強まる場合があるなど，非常に危険性が高いものだからです。

敷居の低い相談窓口の設定

　Q-Uのいじめ対策項目に反応している児童生徒で，「学校内に悩みを相談できる先生がいる」という項目に，「全くそう思わない」と答えている場合は，特に注意が必要です（図3-3，p.57）。

　熱心に自分に関わってくれているからこそ，「自分の悩みを相談して先生を困らせたくない。先生に嫌われたくない」と考える児童生徒がいます。「自分を大切に思ってくれている人を裏切りたくない」「自分のよいところだけを見てほしい」と思う心理から，保護者や教職員には相談ができないのです。

　また，冗談や軽口などで気軽に話ができる間柄だとしても，悩みを相談するか否かは別です。

　よって，児童生徒が，自分のつらさを確実に吐露できる相手や場面をつくることが必要です。

　気になる児童生徒に対しては，学年の様々な教職員が繋がりをもつと同時に，養護教諭やスクールカウンセラーなど第三者に繋げることも必要です。

見守りの体制づくり

　学年組織で個別支援をする際に有効なのは，「どの教職員がどの場面で誰に声をかけるのか」という体制を組むことです。

　組織として，図3-4（p.59）のような資料を作成することで，各教職員が，自分が担当する授業，部活動，委員会，縦割り，地区など

図3-4 クロス表を活用したチーム支援について（いなべ市立員弁西小学校）

ちょっと一声お願いします

教員	○山	△川	□田	×島	☆村	◎中	●山	▲川	■田	◆島
	1A	1B	2A	2B	3A	3B	4A	4B	5A	5B
担任・授業			A子 2A B男 2A C美 2A	D郎 2B E代 2B F太 2B	G子 3A H男 3A I美 3A	J郎 3B K代 3B L太 3B	M子 4A N男 4A O美 4A	P郎 4B Q代 4B R太 4B	S子 5A T男 5A	U美 5B
縦割り	A子 2A H男 3A	W代 6A	M子 4A T男 5A	D郎 2B P郎 4B S子 5A	B男 2A	E代 2B Q代 4B	G子 3A	J郎 3B K代 3B	X太 6B	F太 2B R太 4B
委員会	S子 5A U美 5B W代 6A	T男 5A	S子 5A U美 5B W代 6A		Z男 6B		Z男 6B	S子 5A U美 5B W代 6A	Z男 6B	
地区	M子 4A P郎 4B		J郎 3B N男 4A U美 5B W代 6A	D郎 2B E代 2B I美 3A K代 3B O美 4A	C美 2A G子 3A L太 3B Z男 6B	C美 2A G子 3A L太 3B Z男 6B	J郎 3B N男 4A U美 5B W代 6A	M子 4A P郎 4B	B男 2A A子 2A F太 2B H男 3A Q代 4B Y子 6B	D郎 2B E代 2B I美 3A K代 3B O美 4A

【表の見方】……「□田先生」の例
①**学級**では，2A担任なのでA子，B男，C美の3人を支援します。
②**縦割り班**に行ったときは，4AのM子，5AのT男がいるのでその子達の支援をします。□田先生と同じ班の●水校長先生も同じ子の支援をします。
③**委員会活動**の時には，5AのS子，5BのU美，6AのW代の支援をします。□田先生と同じ委員会担当の○山先生他2名の先生も同じ子を支援します。
④**地区**の集まりの時には，3BのJ郎，4AのN男，5BのU美，6AのW代の支援をします。□田先生と同じ地区担の●山先生も同じ子の支援をします。

つまり，**クロス集計表に名前が挙がった子は，どの場面でも担当教師が学級担任のようにその子のことを支援するという体制**です。
　目立って手がかかる子は，このような一覧表がなくても必ず支援の手が入ります。しかし，「おとなしい」「仕事ができる」「なりを潜めている」「学級で見せないような力を発揮し，がんばっている」のに名前が挙がっている子は置き去りにされたり，せっかくのほめるチャンスを逸してしまいます。それを防ぐ効果があります。また，担任が苦手とする子も，別の場面で救われる可能性が高まります。

（河村茂雄編著　『教育委員会の挑戦』　図書文化　より）

の各場面で，どの児童生徒に声をかければよいのか，気になる児童生徒を見守る体制を明確化します。

　学校生活のいろいろな活動に安心して参加できるように，気になる児童生徒に対しては，各場面で，担当教職員が，学級担任のように丁寧な支援をするのです。

いじめの疑いが多く見られる学年

　Q-Uを学年全体で実施した場合は，いじめ対策項目について，学年全体で出現率が高い項目が無いか，チェックします。そして，「よくある・とてもそう思う」と丸を付けた児童生徒の出現率が2割以上の学級集団が複数見られる項目については，学年全体の問題と考えて対応することが重要です。

　まず，当該児童生徒はクラスメイトのどんな行動に被侵害感をもつのかなど，各学級担任が個別面接した際に得た情報などを持ち寄り，なぜそういう結果になったのか，学年団で実態把握（アセスメント）を行います。

　次に，状況の改善に向けて，学年で取り組むべき具体的な内容を，話し合って決めます。その際，特定の学級集団だけ，あるいは最もいじめの出現率が高かった学級の担任だけが取り組むとするよりも，学年の先生が一貫した指導や援助を行うようにしましょう。

　取組みの内容として，例えば，「いじめに繋がる行動に対して，学年の教職員で同じ基準をもち指導する」「いじめに関する心理教育に，学年で一斉に取り組む」「児童生徒の人間関係を形成するかの向上をめざして，学年でソーシャルスキルトレーニングに取り組む」などが考えられます。

　ポイントは，実態に合わせて内容と展開を構成することです。

学校全体の取組み

学校全体で対応の方針を共有しておく

　いじめを受けた児童生徒は，その学級集団で過ごした一年間がつらかったという記憶を持ち続けると共に，その後の対人関係の形成に不安や恐怖をもったり，自分に自信がもてず引っ込み思案になったりするなど，様々なマイナスの影響を被ることがあります。

　いじめの問題が児童生徒のその後の人生に与える影響を考えると，いじめ対策は常に先手を打つことをめざして，学校全体で取り組んでいくことが重要です。

　そのためには，一人一人の教職員が自分の学級集団に対応するばかりでなく，学年全体あるいは学校全体で対応の方針を共有しておくことが必要です。いじめが起こってしまってから，緊急的に学校の問題として取り上げ，経過と対応についての共通理解をスタートするのでは，いじめ対策として不十分です。

学校規模による取組みのポイント

　いじめを早期に発見するために，学校規模で，下記のポイント❶〜❸を押さえる必要があると考えられます。

❶管理職が定期的に話題にする

　早期発見の取組みを維持していくために，教職員の問題意識を常に喚起していく工夫が必要です。

　例えば，管理職が，月初めの職員朝会などを活用して，全教職員に向けた講話をすることも一つの手段です。短時間でも構いません。話題にならなくなると，問題意識は低下してしまうものです。

❷児童生徒の援助ニーズを捉える

　具体的かつ効果的な支援を計画し実行するには，児童生徒の支援レベルの目安をもつとよいでしょう。例えば，河村（2005）を参考にして，「個別に特別な支援が必要な児童生徒（三次支援レベル）：要支援群・不満足群」「全体のなかで，個別にさりげない支援が必要な児童生徒（二次支援レベル）：非承認群・侵害行為認知群」「全体に指示すれば，自ずから取り組める児童生徒（一次支援レベル）：満足群」と捉えます。そして校内の教職員で，すべての児童生徒の支援レベルと学級や学年における各レベルの児童生徒の出現率を把握します。

　三次支援レベルの出現率が高い場合は，声かけ体制を構築するなどして一人一人への対応を厚くすることが有効です。また二次支援レベルの出現率が高い場合は，SSTなどの心理教育的援助が有効です。

❸実践の経過を定期的に報告し合う

　学校の長期休業期間中に，Q-Uをもとにした，情報交換のための校内研修会を行うことをお薦めします。

　その会は，学級担任が学級の児童生徒の援助ニーズを把握すると同時に，学級集団の状態像を捉える機会とします。また，学年や学校内の教職員が，客観的な視点から学級集団の状態像を見て，学級担任と一緒に対応の方針を練ったり，学年や学校全体で共通理解を得たりすることも目的とします。

　校内研修は，ひな形に沿って進めるのがコツです。研修会の大枠から，データの整理の仕方，見方などの細かい部分までが，教職員間で予め共通理解されていると，いつでも前置きは少なくすぐに本題に入っていくことができます。

　具体的には，「K-13法」がお薦めです（コラム p.64参照）。K-13法は，各学級のQ-Uデータに基づいて，①児童生徒の個別の状況，

②学級集団の状況について報告したうえで，教職員同士で質疑応答したり，対応策を共に考えアドバイスし合ったりという一連の作業が手順化されており，Q-Uを使い慣れていない教職員が多い学校でも，取り組みやすいと思います。

また，二回目のQ-U実施後には，校内研修会をもつことを強くお薦めします。その会では，学級担任がどのような働きかけを行い，それによってどの児童生徒がどう変化したのか，学級集団がどう変化したのかを振り返ることが大切です。

また，マイナスに変化してしまった児童生徒がいないか，チェックが必要です。特に，一回目のQ-Uでは満足群にプロットされていた児童生徒が，二回目のQ-Uでは不満足群にいるなど，意外な変化を見逃してはいけません。

研修会を通じて見つかった課題に対しては，さらなる面接や観察を加えたりしながら，校内の教職員みんなで次の手を考えましょう。

このような校内研修の積み重ねは，教職員の日々の対応の深まりや，より適切な学級経営を促進することにも繋がります。

おわりに

学校がいじめ問題に対応するためには，校内の教職員一人一人が，他の教職員との計画的な情報交換を通じて，児童生徒理解を多面的に深めていくことが必要です。

学級担任が「自分の学級で起きたいじめは，自分一人で解決しなければならない」とか「自分の学級だけはいじめを起こさない」という意識を強くすることは，適切な対応策を見誤る可能性を高めます。

「校内の全ての教職員が，全ての児童生徒のいじめ問題に関わっていく」という意識を，学校規模で啓発していくことが必要です。

コラム

K-13法による事例検討会

　K-13法とは，問題解決志向で行う，学級集団に関する事例検討会の方法論です。参加した教職員みんなの力を結集して，事例提供者の学級経営に，すぐ役立つ情報を提供することをめざします。

　K-13法では，学級集団の状態に即した問題解決法を考えます。

　例えば，Q-Uの結果で，学級集団の状態が芳しくないということであれば，いま現在，教職員が行っている指導行動には，もしかするとミスマッチの部分があるかもしれないと考えます。

　もし，ミスマッチがありそうだということになったら，どこに起こっているのか対話を通じて明らかにしていきながら，具体的な改善策についても検討していきます。

　このようにして，学級担任が自分自身で気が付きにくい点を，他者に指摘してもらえるというメリットがあります。

　参加者全員がK-13法の手順を身に付けていると，約一時間で一学級の事例検討会ができます。

▶▶事例提供者による事例の発表

①学級のリーダーを説明します。

②配慮を要する児童生徒を説明します。同時に，プロットされている位置が予想外の子どもがいたら説明します。

③児童生徒の主なグループを説明します（グループの特徴，リーダーついても説明します）。

④学級の問題と思われる内容を説明します。

⑤参加者は事例提供者に疑問点・確認したい点を質問し，答えてもら

(参加者はプロット図にマークしたり，内容を書き込む。)

います。

▶▶アセスメント

⑥参加者（事例提供者も含めて）が，考えられる問題発生・維持の要因を，できるだけ多くカードに書きます。

⑦全員のカードを出し合い，似た内容のもの同士を集めて画用紙に貼り付け，それぞれに小見出しを付けます。

⑧カードの貼られた画用紙を，重要だと思う順番に並べます。そう考えた理由を発表し合い，全員で協議して，一応の統一見解・仮説をつくります。「私は～だから～と思う」という，アイ・メッセージで発表します。

▶▶対応策の検討

⑨⑧で考えた問題の要因に対する，解決法をできるだけ多くカードに書きます。抽象論ではなく，具体的な行動レベルで記述し，事例提供者が現状の力量で，現実的に取り組める内容にします。

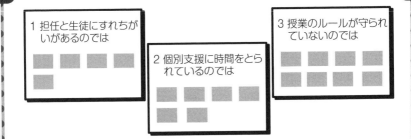

⑩⑦と同じように整理します。

⑪⑧と同様に順番を付け，話し合って統一の対応策をつくります。目的地を明確にし，一か月後のサブゴールも明確にします。

⑫事例提供者が不安に思う点，懸念される問題点について，対処策を確認します。

▶▶**結論と決意の表明**

⑬事例提供者が，取り組む問題と，具体的な対策をみんなの前で発表します。全員の拍手でもって終了します。

【フォローアップ】

・一〜二か月後に，再びQ-Uを実施し，ポジティブな変容が認められない場合は，再び同様の会議を実施します。

参考文献：
河村茂雄 『学級づくりのためのQ-U入門』 図書文化

図 事例報告シート（河村茂雄監修 『集団の発達を促す学級経営』 図書文化より）

事例報告シート

◇学級集団の背景　　　　　学校　　年　　組　名（男子　名, 女子　名）
　・学校の特徴
　・学校編成の状況（もち上がり等）

◇問題と感じていること

◇学級の公的リーダーの児童・生徒（番号と簡単な説明）

◇学級で影響力の大きい／陰で仕切るような児童・生徒（番号と簡単な説明）

◇態度や行動が気になる児童・生徒（番号と簡単な説明）

◇プロットの位置が教師の日常観察から疑問感じる児童・生徒（番号と簡単な説明）

◇学級内の小グループを形成する児童・生徒（番号と簡単な説明）

◇4群にプロットされた児童・生徒に共通する特徴
　・満足群
　・非承認群
　・侵害行為認知群
　・不満足群

◇担任教師の方針
　・学級経営

　・授業の展開

コラム K-13法による事例検討会

第4章 いじめを生まない環境づくりのチェックポイント

　いじめの発生率は，学級集団の状態によって大きく異なります。この実態は，いじめの予防策を講じるうえで重要なヒントです。

　学級集団には学び合いの側面がある一方で，「いじめを誘発しやすい」という側面があります。メンバーが固定的な集団では，他のメンバーを攻撃することで，欲求不満を解消しようとする心理が働きやすいからです。

　つまり，教職員の学級経営のあり方は，学級内のいじめ予防の問題を大きく左右します。

　本章では，学級経営に関する筆者の研究を紹介しながら，いじめ予防に繋がるポイントを解説します。なお，本章では「学級経営」という言葉は，「学級集団づくり」「学級の状態に応じた学習・生徒指導」「＋$α$」というイメージで用いています。

学級集団づくり

　いじめを予防するには，「学級集団づくりの年間の見通しをもち，

学級集団を規律があり，且つ，親和的な集団に育成する」ための方法論をもつことが必要です。

さらに，全ての学級集団でいじめが発生しないような状態を形成していくためには，やはり教職員相互の検討会を通して，教職員個々が担任する学級集団の状態を確認し，対応していくことが不可欠です。

学級経営の限界的状況

ほとんどの学級担任の学級経営は，「自己流」に近いものです。拠りどころとなっているのは，自分が子どもだった頃の学級の記憶，学生時代の教育実習，先輩教員のやり方などです。

大学の教職課程には「学級経営」に該当する科目は無いのが実態です。学級経営は教育実践の中核を為しますが，学生たちが学級経営の力を身に付けるための学習は，三週間前後の教育実習のみであることは，教員養成制度の問題点だと思います。

かつて1970年代には全国生活指導研究協議会が主導する生活指導の一体系・学級づくりが，全国の学校に大流行しましたが，それも下火になり，近年の学校現場には，学級集団を形成するための方法論について，パラダイムとなるものがありません。

このような状況下，「学級経営を検討すると教職員個々の価値観が交錯し，問題解決志向の方法論の議論になりにくい」「学級経営の検討会は，学校では実施されることが少ない」「他の教職員の学級経営に口を挟むのはタブー視されている」という問題も生じています。

これらの領域に踏み込まなければ，いじめ予防は始まりません。

満足型学級集団づくりとは

いじめを予防するためには，学級集団をいじめの土壌にしないとい

う目的で，校内に学級経営の検討会を定着させることが有効です。

　筆者は，「満足型」を理想的な状態として，目の前の学級集団の状態を Q-U でチェックして，それに見合う改善策をチーム体制で検討する，という学級経営の方法論を提案してきました。それが，満足型学級集団づくりです。

　考えの骨子を述べます。

　学級集団の状態を，ルールとリレーション（図1-5，p.22）の確立度で捉える時，両方の確立度の高い状態が理想であり，親和的な学級集団（満足型）の状態です（図4-1，p.71）。

　満足型に至るためにはどうすればよいか，大規模な実態調査に基づき，満足型の状態に至った学級集団づくりに共通する指導方策を一般化・体系化して，学級集団づくりの方法論を提案しました。

　そして，これらの知見に基づく「Q-U を活用した学級集団づくり」を掲げて，学級経営の見立てと支援を続けてきました。

満足型学級集団にいじめが少ない理由

　第一章で示したように，満足型学級集団は，いじめの発生率が，他の型の学級集団と比べて低いのです（図1-6，p.22）。

　満足型学級集団は，学級集団の「いじめを誘発しやすい」という側面が弱いために，いじめの発生が少ないと考えられます。

　メカニズムはこうです。

　満足型学級集団では，ルールが児童生徒に内在化され，ほとんどの児童生徒間にリレーションが広がっているので，児童生徒個々の承認感が高く意欲的に生活を送れていると考えられます。

　そのような児童生徒は，欲求不満やストレスが少なく，そして帰属意識が高く，学級集団を準拠集団（自分にとっての居場所）として捉

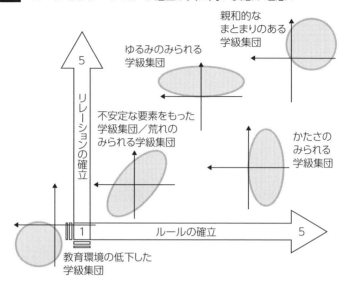

図4-1 ルールとリレーションの確立が共に高い状態が理想！

えているために，欲求不満やストレスを感じても，クラスメイトに対する攻撃行動で発散しようとはしないと考えられます。

また，児童生徒個々の欲求不満やストレスへの耐性が，教職員やクラスメイトとの親和的な関係を通じて強化されています。たとえ人間関係の軋轢が発生しても，学級内のみんなが日常的に取っている「建設的に対処するスキル」を発揮して対応できるので，深刻ないじめには発展しにくいのです。

また，児童生徒個々の「現在の良い状態を維持したい」という思いは，規範意識と向社会性を高めると共に，クラスメイトの異変なども敏感に感じ取らせます。

つまり，満足型学級集団では，いじめの加害者も傍観者も少ないと考えられます。困っているクラスメイトを見かけたら，児童生徒個々が直接声をかけたり，学級担任に気さくに報告したりできるのです。

満足型学級集団づくりの方法

満足型学級集団づくりの展開の骨子を述べます。

ポイントは，校内で共有している学級集団づくりのスタンダードに沿って，教職員同士で現状分析をしながら取り組むことです。

❶学級集団の状態をチェックする

まずは，学級集団のルールとリレーションについて，どちらの確立度が課題か，またはどちらも低い状態か，という実態把握をします。

詳細は，拙著『学級集団づくりのゼロ段階』（図書文化）を参照していただけると幸いです。

❷学級集団の発達段階をチェックする

次に，現在の学級集団の状態をヒントにして，現在の学級集団の発達段階を確認します（図4-2，p.73）。

❸対応策を検討する

❶❷でチェックした学級集団の実態をヒントにして，学級集団をより満足型の成熟した段階（「集団の教育力」が高い状態）に育成するためにはどうすればいいのかを，検討します。

対応策は以下の領域に沿って，学年団や委員会などの教職員複数名で検討することを強くお薦めします。この検討会の目的は，学級担任が手立てを得るということだけでなく，学校経営方針など大きな方針が具体的にどんな実践であるかを日々の実践を通じて確認して，教職員相互で共有することでもあるからです。

複数名で検討するのですから，議論が拡散しないようにテーマ等を絞ることが肝要です。展開のポイントは，この学級集団については，「リレーション形成／承認感の高揚」か，「ルールの確立／被侵害感の低下」かを定めたうえで，p.74の①～⑧の視点について，それぞれ

図4-2 集団状態と発達段階の対応イメージ

学級集団の状態(Q-U)		集団の発達段階		
	「親和的なまとまりのある学級集団」で満足群に70～80%の児童生徒がいる。	■自治的集団成立期 ■全体集団成立期		中集団がつながり全体がまとまっている。
	「親和的なまとまりのある学級集団」で満足群に60～70%の児童生徒がいる。			
	「親和的なまとまりのある学級集団」で満足群に50～60%の児童生徒がいる。	■中集団成立期		10人程度の中集団で行動している。
	かたさの見られる学級集団。	■小集団成立期		4～6人の小集団で行動している。
	ゆるみの見られる学級集団。			
	拡散した学級集団。または,不安定な要素をもった学級集団。	■混沌・緊張期		2～3人でくっついている。
	不安定な要素をもった学級集団。	■崩壊初期		一人一人の人間関係が切れている。
	荒れの見られる学級集団。	■崩壊中期		4～6人の小集団が反目し合っている。
	教育環境の低下した学級集団。	■学級崩壊		集団が拡大し教師に反抗している。

育成 ↑

回復 ↑

第4章 いじめを生まない環境づくりのチェックポイント

「何を」「どのように」するのかを具体的に考えていくことです。

対応策を話し合う時の視点

①学級担任の対児童生徒へのリーダーシップのとり方のポイント
②授業の進め方
③学級活動の展開例の仕方（朝，帰りのホームルームも含めて）
④給食・掃除時間の展開の仕方
⑤時間外（休み時間・放課後）に必要な対応（個別面接・補習授業等）
⑥学年の連携の仕方（TT，合同授業等，学級担任の役割の明確化）
⑦学級担任のサポートのあり方，作戦会議の計画
⑧保護者への説明・協力体制のあり方

❹対応策に取り組む

　アセスメントの結果，「取り組むことが必要」「対応できる」という判断に至った領域については，それぞれ大きな方針とのズレや，教職員同士のバラつきが生じないように対応していきます。
　これらの対応を同時並行させ，最低一か月は集中して取り組んでいくことが，学級集団づくりには求められるのです。

水面下の問題を探るアセスメント

　学級集団づくりの改善を話し合う際は，個別対応が必要な児童生徒についての検討を疎かにしないことが大切です。ここに，いじめ問題の芽が潜んでいることが多いからです。
　表面化していない問題は，校内の教職員の話し合いを通じて見出していくことが不可欠なのです。
　みんなが同じ実態を見ているのだから，同じように考えて，似たよ

うな対応をするだろうと考えるのは大間違いです。教職員個々の捉え方には大きな差があるものです。そこからの対応には，かなりの温度差が生まれてしまいます。

　大きな問題が無い時は，教職員間の捉え方の差や対応の差は表面化しませんが，荒れてくるとその差が明確になり，教職員間に不協和音が生じることは少なくありません。

　一つ一つの問題について，校内の教職員でアセスメントし対応策を考えていくことが，結果として，教職員連携の強化，個々の教職員の指導力の向上に繋がります。このプロセスこそが，教職員組織の基盤を形成し，維持していくのです。

　いじめ防止対策が形骸化している学校は，このプロセスを忙しいからと軽視していることが考えられます。

　例えば，Q-Uの結果が出たら，「学級担任各自で対応してください」と，学級担任に丸投げになっているケースは少なくありません。そこから教職員同士の取組みの温度差が生じて，同時に教職員同士の連携機会が失われて，結果として教職員組織の実践力の低下に繋がっていくのです。

学級タイプ別，こんなサインに要注意!!

　現在の学級集団の状態を把握し，各集団の特性から生じやすいいじめの芽に対して先手を打っていく際のポイントを解説します。

　なお，崩壊型学級集団に対しては「危機介入」という特別な手立てが必要となり他と同列に語れませんので，本稿では取り上げません。崩壊型への「危機介入」等については，拙著『学級崩壊予防・回復マニュアル』（図書文化）を参照していただけると幸いです。

かたさの見られる学級集団

　この状態が生じる背景には，学級担任に，やるべきことを強く指導する傾向が見られることが報告されています。学級担任の厳しい指導には一方で，学級集団内で「できる」児童生徒と「できない」児童生徒というラベリングが生じやすくなるという側面があり，結果的に児童生徒間で地位の高低が生まれやすくなると考えられます。

　可能性として考慮すべき点は，次の二つです。

学級内で地位が低く見られている児童生徒が，他の児童生徒から人権侵害の被害を受けている

　「あいつはみんなと同じようにできない」ということで，特定の児童生徒が，学級内で地位が低く見られてしまうことがあります。ターゲットになりやすいのは，学力や運動に困難や苦手意識をもっている児童生徒です。このような児童生徒は，かたさの見られる学級集団では，周りの児童生徒から軽視されることが多くなり，「あいつは駄目な子だから，いじめられたりからかわれたりするのは当然だ」という雰囲気が，学級集団のなかに自然とできてしまいやすいのです。

　周りの児童生徒たちから一人前の存在と認識されず，人権問題にもなりかねない酷い対応をされていることが少なくありません。

学級内で地位が低く見られている児童生徒が，人権侵害の被害を受けることに，周りが鈍感になっている

　やるべきことを周りと同じようにできない児童生徒に対しては，注意をすることが多くなりがちです。そのようななかで，その児童生徒が周りからできないことをからかわれたり言葉の暴力を受けているの

を見て，学級担任までも「仕方がない部分がある。言われる児童生徒にも問題があるのだから」と受け止めて，からかいの言葉をスルーしていないか，注意が必要です。

学級担任の行動や雰囲気は，そういう意図はなくてもいじめ行為を正当化してしまうことがある，という点に注意が必要です。そこに，特定の児童生徒が人権侵害の被害を受けることに対して，周りが鈍感になっていく，という悪循環が生まれやすいのです。

ゆるみの見られる学級集団

この状態が生じる背景には，学級担任に，学級規律を確立するための働きかけが弱い傾向が見られることが報告されています。このような学級集団は，全体的に不安が高まりやすく小さなトラブルが起こりやすいと考えられます。

その結果として，「不安のグルーピング」という，気の合う三，四人の児童生徒からなる小さなグループが学級内に乱立する状態，が現出しやすい点に注意が必要です。

なぜならこの小グループの児童生徒は，周りから攻撃されるのではないかという強い不安のなか，「固まることによって自分たちを守る」という側面が強化されており，結果として閉鎖的に振る舞うことが多いからです。

また，第三者から見れば「常に一緒に集まって，同じように行動している」ようですが，本人たちからすれば「仲が良くて一緒にいるというよりも，周りの攻撃から自分を守るために固まっている」ので，グループ内の児童生徒同士の繋がりは意外と弱いものです。お互いの個性を認め合うよりも，お互いに気を遣い合う，同調的な傾向が強いのです。表層的な人間関係に陥っていると言えます。

そして,「自分たちは仲間である」と確認する行為が多くなります。多くは非建設的なもので,代表的な行為は,「仲間同士で秘密を共有する」「共通する敵をもつ」ということです。

このような,不安で結束している小グループが学級内に増えていくことは,そういう意図はなくてもいじめの温床を醸成してしまう,という点に注意が必要です。

可能性として考慮すべき点は,次の二つです。

 仲が良さそうに見える小グループ内で,特定の児童生徒が他の児童生徒から継続的にいじめられている

小グループ内に起こるいじめは,学級担任でも見えにくいものです。そして,陰湿で長い期間継続することが多いものです。ターゲットとされた児童生徒は苦しくても「孤立するよりはマシ」という気持ちが強くて,グループ内に留まっていることが多いのです。

典型例は「取り込みの型のいじめ」です。いじめのターゲットを自分たちのグループ内に取り込み,グループ内の最下位者と位置づけ,みんなでいたぶって快楽を得る,というものです。

筆者の調査でも「仲の良かった人」からいじめを受けたというケースは,小学校,中学校共に二番目に多いものでした（図1-3,p.9）。現代の児童生徒は友人関係の形成が苦手と言われますが,その維持にも苦戦していることが伺えます。また友人関係が短いサイクルで変化して,その際に傷つけ合うことが少なくないと考えられます。

 小グループのリーダー的な児童生徒が,他のグループの児童生徒から攻撃されている

人間関係が表層的な小グループの児童生徒は,仲間意識を確認する

ために,「共通の敵をもつ」という行動を取りがちです。

　特定の児童生徒をいじめのターゲットとする理由には,「頭がいいからと威張っている」「運動ができるからといっていい気になっている」「かわいい子ぶっていてうざい」など,嫉妬レベルのものが多くあります。また,学級担任から見て意外な児童生徒が被害を受けている可能性も高いのです。いじめが発見された後で,「学級委員のあの子が……」「勉強ができるあの子が……」というケースは少なくありません。学級担任がふだんから児童生徒をステレオタイプに捉えてしまうと,実態が見えにくくなるという点に注意が必要です。

　特に女子の場合,ターゲットが固定化して,他の小グループも攻撃に加わっていき,「特定の児童生徒を,学級の女子全員で無視する」というような展開に至ることがあるという点は,要注意です。

不安定な要素をもった／荒れの見られる学級集団

　この状態が生じる背景には,学級担任に,学級集団内のルールとリレーションを確立するための働きかけが共に弱い傾向が見られることが報告されています。このような学級集団は,人間関係の軋轢が日常化して児童生徒は小グループ間の対立や離合集散を繰り返すので,非建設的に振る舞う児童生徒や小グループが強いパワーをもってくることが考えられます。そのパワーとは,関係性攻撃の力です。

　可能性として考慮すべき点は,次のことです。

 いじめのターゲットが次々と移っていく「関係性攻撃のいじめ」が起こっている

❶「関係性攻撃のいじめ」とは

　関係性攻撃とは,仲間関係を操作することで,ターゲットとする児

童生徒に危害を加えようとする行動のことです。つまり，加害者がターゲットの児童生徒に直接攻撃をするのではなく，学級集団内の人間関係へ働きかけることにより，間接的に危害を加える行動です。

具体的な攻撃行動には，「敵対する児童生徒をグループから閉め出すために，他のメンバーに無視をするよう呼びかける」「学級集団内で孤立するように仕向ける」「悪い噂を流して，学級集団内の地位を低下させる」などがあります。

関係性攻撃のいじめは，近年は，インターネットやLINEなどを使って行われることが多くなっているという点に，要注意です。

❷抜本的な解決策が必要

関係性攻撃を駆使する児童生徒は，自分の意に沿わない児童生徒がいれば，次々に攻撃を仕掛けていくので，見かけ上，学級集団内ではいじめのターゲットになる児童生徒が次々と変わっていきます。

学級集団内はだんだんと不信感に満ちて，誰もが自分を守ることで必死になり，知らないうちに関係性攻撃を駆使する児童生徒の手のひらの上で踊るようになっていくのです。関係性攻撃を駆使する児童生徒を恐れるようになり，その指示に従順になっていくのです。

このような状況になると，学級担任の指導はむなしいものになりがちです。

つまり，学級担任が一つのいじめ問題を取り上げ，被害者と加害者への対応を幾ら丁寧にしても，真の加害者は陰に隠れており，問題の根本的な解決には至らないのです。学級担任が対応した加害者の児童生徒は，真の加害者に踊らされているだけの存在だからです。

関係性攻撃のいじめは，大人の社会にも頻繁に起こるものです。

大事なことは，「規律や親和的な人間関係が欠落した集団では，関係性攻撃を駆使する人間が活動しやすくなる」という実態を踏まえた

方法を取ることです。

アンケートではいじめの有無を見出せない児童生徒

　繰り返しますが，学級集団に所属する児童生徒個々の欲求不満が高まると，他の児童生徒を攻撃するなどの非建設的な行動が増加し，いじめを誘発しやすい状態になります。この一般的な傾向は，いじめ予防を考えるうえで押さえておいてください。

　さらに，そういう環境要因と共に，いじめを誘発する個人的要因についても押さえることが大切です。児童生徒の実態として，欲求不満が高まっても自分でコントロールして他者に攻撃行動を向けないように努める者がいるし，逆に，欲求不満耐性がとても低くすぐ他者に攻撃を向けてしまう者もいるからです。

　したがって，満足型学級集団であっても，個々の児童生徒への目配りは決して怠ってはなりません。

　以下，どのような学級集団でも留意が必要な児童生徒として，「アンケートではいじめの有無を見出せない児童生徒」の心理について取り上げます。

❶評価懸念の強い児童生徒

　「いじめられている」というメッセージを，被害者が自分から発信することはそれほど簡単ではありません。

　いじめを受けている児童生徒でも，自尊感情を低下させたくないために，いじめアンケートには「何も無い」と書くことがあります。

　また，教職員やクラスメイトから低い評価をされたくないという思いから，本心とは異なる反応をしてしまう「評価懸念」もあります。

❷過剰適応が疑われる児童生徒

　Q-U『いごこちのよいクラスにするためのアンケート』の被侵害

得点に「全部1（まったくそう思わない）」と答える児童生徒は，3％弱出現します（満足群の右端にプロットされます）。

このような児童生徒については「過剰適応」の可能性を検討してください。日常生活の様子はとてもそう見えないという児童生徒です。

過剰適応は，「良い子」タイプの児童生徒に多く見られます。大人の望んでいることに敏感で，常に大人の思いや動きに気を配って先回りして振る舞ったり，他者に迷惑をかけまいとネガティブな感情を表現することに躊躇や抵抗をもったりしてしまうのです。周囲に同調し摩擦を回避することで，外的には適応しているように見えますが，内的には適応できていないという点に注意が必要です。

以上のようなタイプの児童生徒が存在するという実態からも，児童生徒のアセスメントには，観察・面接・調査の三位一体の情報収集に基づいた，統合的な理解が必要であることを，ここで改めて強調しておきます。そして，このような児童生徒には複数の視点での観察や，本音の交流ができる人との面接が，重要です。

❸観察・面接・調査の結果に矛盾を感じたら

もしも，学級担任が特定の児童生徒に対して，観察・面接した内容と調査の内容に矛盾を感じたら，「とりあえず個人的に見守る」というかたちを取るべきではないと思います。

そのままにせず，いじめ防止対策委員会やスクールカウンセラーなどに報告することが求められます。

■ 心理教育のポイント

児童生徒の心理面を育てる取組みは，児童生徒の人格形成を目的として，教育的に行うことが重要です。児童生徒が心理社会的に発達し

ていくことを通して，結果的にいじめを未然防止することをめざしましょう。

いじめ加害者の心理

人は，自我の未熟な状態や，自分の存在に不全感をもつ状態にある場合，そこから逃れるために，本人が意識する・しないにかかわらず，以下の二つのような非建設的な言動を取りがちです。子どもにはしばしば見られる傾向です。

①特定の人や特定の集団に依存（一体化）することで，安心・心の安定を得ようとする
②自分に依存してくる存在・服従する存在を通じて，自分の存在感を確認することで，安心・心の安定を得ている

加害者には，②のような心理的傾向が強くあると考えられます。自分の不全感を拭うために，他者を服従させる，他者を支配する立場に立とうとするという心理は，「他者を支配して喜びを感じたい」「他者の尊厳を弄ぶことで楽しみを得たい」という幼児的な欲求に根ざしていると言えるでしょう。

このような心理は，次のようないじめに結び付くことが多いです。

①排除のいじめ
・ターゲットに仲間外れにする不安を与えて，服従させる（外されたくなかったら服従しろ）
・服従しない者に対して，無視したり悪い噂を流して攻撃する（服従しないから攻撃する）
②取り込みのいじめ
・ターゲットを自分たちのグループ内に取り込み，グループ内の最下位者と位置づけて攻撃する

子どもは自我の発達が未熟なので，「他者の尊厳を傷つけ，自由と判断力を奪い，支配するという攻撃性で，自分の心の不全感を満たそうとする」という心理と行動に陥りやすいと考えられます。

人権のルールを日々体験学習させる（グループアプローチ）

　学校には，児童生徒を社会に送り出す機能，つまり，社会で生きるために必要な基本的なルールを，児童生徒にしっかりと身に付けさせることが期待されています。そのためには，社会の基本的なルールを，日々を通じて指導していくことが必要です。

　なかでも大切なのが，次のような「他者の人権を尊重する」というルールです。

①他者を「自分と同等の人間存在」として尊重しなければならない
②自分の可能性を拡大することは，他者の権利を侵害しない範囲において可能である

　いじめにかかわる児童生徒には，他者の人権を尊重するというルールが確立していないと考えられます。また，いじめが起こっている学級集団は，このようなルールの確立が弱まっていることが考えられます。

　児童生徒は，様々なルールを，日々の学習・活動・生活を通じて身に付けていくと考えられます。つまり，人権のルールが確立している学級集団での学習・活動・生活を通じて，児童生徒一人一人が人権のルールを獲得していくことが期待できます。

　「児童生徒の個を育てることを目標に，集団の教育力を効果的に用いる」という考え方は，グループアプローチの考え方と同義です。

　グループアプローチとは，「個人の心理的治療・教育・成長，個人間のコミュニケーションと対人関係の発展と改善，および組織の開発

と変革などを目的として，小集団の機能・過程・ダイナミックス・特性を用いる各種技法の総称」（野島，1999）です。

　固定されたメンバーで共同活動や生活を営む日本の学校は，おもに学級集団での生活や活動が，児童生徒の情緒の安定と心理社会的な発達を促進する土壌になっています。したがって，グループアプローチとしてのプラス効果が生まれるように，学級集団を望ましい状態に育成することが必要なのです。

いじめをテーマにした心の授業を行う

　児童生徒の体験学習の効果をより高めるには，いじめのいろいろな態様，加害者の心理，被害者の心理についての教育を，学級活動の時間などを使って定期的に展開していくことが有効です。児童生徒が具体的にイメージできるような例を示しながら展開します。

　このような取組みを通して，人間関係の軋轢レベルのいじめ，遊びレベルのいじめに対して，次のような効果が期待できます。

> ①加害者が，自分が行っている行為を「いじめ」と自覚して，抑制するきっかけとなる
>
> ②被害者が，自分がされている嫌なことを「いじめ」と自覚して，学級担任に相談したり，アンケートに記入したりするきっかけとなる
>
> ③周辺で見ている児童生徒が，「Aさん（たち）が，Bさんにしていることは『いじめ』であると自覚して，止めるように言ったり，学級担任に伝えたりするきっかけとなる

コラム

Q-U とは

　Q-U は，児童生徒の学校生活の満足感を調べる質問紙で，標準化された心理検査です。標準化とは，実施条件・方法，採点，結果の解釈について厳密に基準を定め，検査の妥当性・信頼性を確認する一連の手順を指します。教職員がいじめ等の事実判断を行う際，日常的な観察や面接に加えて，定期的に Q-U を実施していると，より客観的に行えます。

　Q-U は「学級満足度尺度」と「学校生活意欲尺度」という2つの尺度で構成されています。これは，児童生徒の心の状態を多面的に調べることで，よりよい教育実践に繋げようというねらいがあるからです。Q-U に「ソーシャルスキル尺度」が加わったものが hyper-QU です。本稿では，全国の教育現場で最も広く活用されている「学級満足度尺度」について，代表的な結果の解釈方法を紹介します。

　学級満足度尺度では，「児童生徒個人の学級生活満足度」「学級集団の状態」「学級集団と個人との関係」を同時に把握することができます。

　児童生徒が所属する学級集団に居心地の良さを感じるのは，（1）トラブルやいじめなどの不安がなくリラックスできている，（2）自分がクラスメイトから受け入れられ，考え方や感情が大切にされている，と感じられる，という2つの側面が満たされたときです。

　本尺度は，この2つの視点をもとに，児童生徒の学校生活への満足感を測定します。（1）を得点化したものが「被侵害得点」，（2）を得点化したものが「承認得点」です。

　結果解釈の方法としては，（1）と（2）を座標軸にして，児童生徒が4群のどこにプロットされているかを見るのが一般的です。

①学級生活満足群

「被侵害得点」が低く，「承認得点」が高い状態です。この群にプロットされる児童生徒は，学級に自分の居場所があると感じており，学級での生活や活動を意欲的に送っていると考えられます。

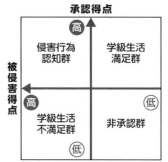
学級満足度尺度のプロット図

②非承認群

「被侵害得点」と「承認得点」が共に低い状態です。この群にプロットされる児童生徒は，学級に関する強い不安を感じている可能性は低いですが，クラスメイトに認められることが少ないと感じていると考えられます。学級での生活や活動への意欲の低下が見られることも少なくありません。

③侵害行な認知群

「被侵害得点」と「承認得点」が共に高い状態です。この群にプロットされる児童生徒は，学級での生活や活動に意欲的に取り組んでいると思われますが，自己中心的に進めてしまいクラスメイトとのトラブルが生じていることがあります。また，深刻ないじめを受けていることも考えられます。

④学級生活不満足群

「被侵害得点」が高く「承認得点」が低い状態です。この群にプロットされる児童生徒は，学級に自分の居場所があるとは感じられず，学級で生活や活動することに関して不安や緊張をもちやすい状態にあると考えられます。耐え難いいじめを受けている可能性があります。

　また，学級全員の結果を，一枚のプロット図としてまとめることで，学級集団の特徴が掴めます。ここでは頻出パターンを紹介します。

Q-Uで見る学級集団の特徴

親和的なまとまりのある学級集団（満足型）

Q-U		
侵害行為認知群	学級生活満足群	ルール高 × リレーション高
学級生活不満足群	非承認群	ルールとリレーションが同時に確立している状態

学級にルールが内在化していて，そのなかで，児童生徒は主体的に生き生きと活動しています。児童生徒同士のかかわり合いや発言が積極的になされています。

かたさのみられる学級集団（管理型）

ルール高
×
リレーション低

リレーションの確立がやや低い状態

一見，静かで落ち着いた学級にみえますが，意欲の個人差が大きく，人間関係が希薄になっています。児童生徒同士で承認感にばらつきがあります。

ゆるみのみられる学級集団（なれあい型）

ルール低
×
リレーション高

ルールの確立がやや低い状態

一見，自由にのびのびとした雰囲気にみえますが，学級のルールが低下していて，授業中の私語や，児童生徒同士の小さな衝突がみられ始めています。

不安定な要素をもった／荒れのみられる学級集団

ルール低
×
リレーション低

ルールとリレーションの確立がともに低い状態

学級内の規律と人間関係が不安定になっています。または，「かたさのみられる学級集団」や「ゆるみのみられる学級集団」の状態から崩れ，問題行動が頻発し始めています。

教育環境の低下した学級集団（崩壊型）

ルール喪失
×
リレーション喪失

ルールとリレーションがともに喪失した状態

児童生徒は，学級に対して肯定的になれず，自分の不安を軽減するために，同調的に結束したり，他の児童生徒を攻撃したりしています。

拡散した学級集団（拡散型）

ルール混沌
×
リレーション混沌

ルールとリレーションの共通感覚がない状態

教員から，ルールを確立するための一貫した指導がなされていない状態です。児童生徒の学級に対する帰属意識は低く，教員の指示は通りにくくなっています。

Q-U、hyper-QU の結果表

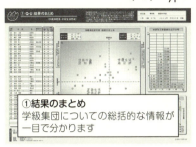

①結果のまとめ
学級集団についての総括的な情報が一目で分かります

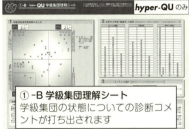

hyper-QUのみ

①-B 学級集団理解シート
学級集団の状態についての診断コメントが打ち出されます

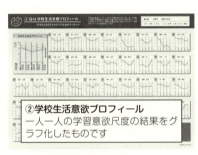

②学校生活意欲プロフィール
一人一人の学習意欲尺度の結果をグラフ化したものです

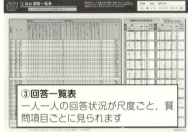

③回答一覧表
一人一人の回答状況が尺度ごと、質問項目ごとに見られます

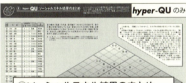

hyper-QUのみ

④ソーシャルスキル結果のまとめ
一人一人のソーシャルスキル尺度の結果を集約したもので、学級集団の全体傾向を把握できます

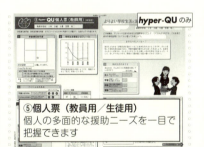

hyper-QUのみ

⑤個人票（教員用／生徒用）
個人の多面的な援助ニーズを一目で把握できます

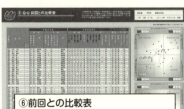

⑥前回との比較表
二回目以降の実施の際に打ち出され、前回との結果を比較できます

⑦学力とのクロス集計表
標準学力検査 NRT と Q-U のクロス集計表です。学習面と生活面の課題があるかを一目で把握できます

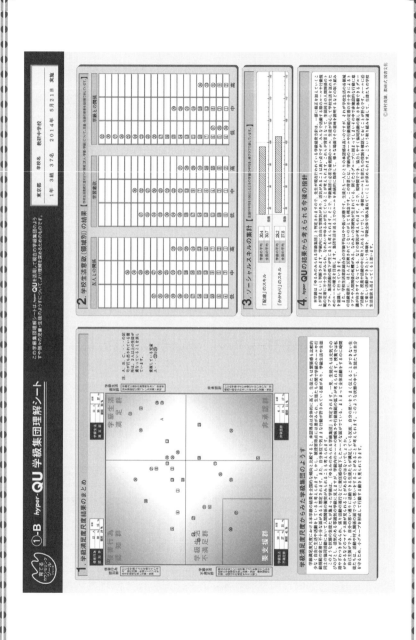

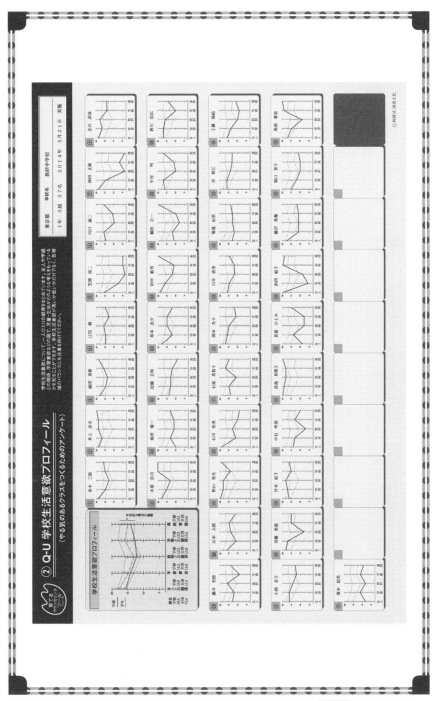

コラム Q-Uとは

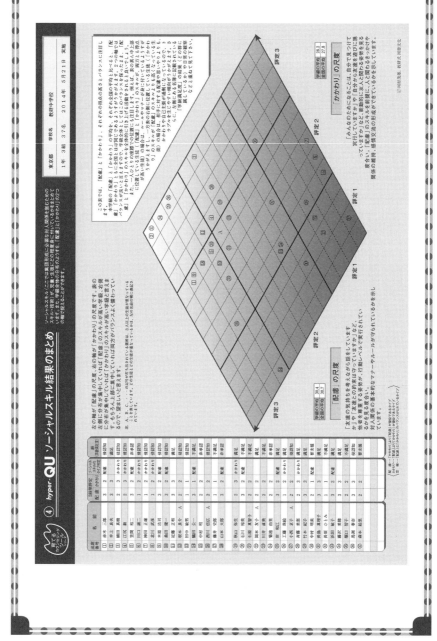

◆参考文献一覧

第1章

河村茂雄　2007　『データが語る①　学校の課題』　図書文化

文部科学省　2013　『児童生徒の問題行動等生徒指導上の諸問題に関する調査』

第2章

竹川郁雄　1993　『いじめと不登校の社会学―集団状況と同一化意識―』法律文化社

第3章

田上不二夫監修　河村茂雄著　1998　「たのしい学校生活を送るためのアンケートQ-U」　図書文化

河村茂雄著　2007　「よりよい学校生活と友達づくりのためのアンケートhyper-QU」　図書文化

河村茂雄　2010　『日本の学級集団と学級経営』　図書文化

河村茂雄編著　2011　『生徒指導・進路指導の理論と実際』　図書文化

河村茂雄編著,三重県教育委員会協力　2011　『教育委員会の挑戦』図書文化

河村茂雄編著　2012　『教育相談の理論と実際』　図書文化

河村茂雄　2012　『学級集団づくりのゼロ段階』　図書文化

河村茂雄編著　2005　『ここがポイント！　学級担任の特別支援教育』　図書文化

第4章

河村茂雄　2012　『学級集団づくりのゼロ段階』　図書文化

河村茂雄　2000　『学級崩壊予防・回復マニュアル』　図書文化

河村茂雄　2014　『学級リーダー育成のゼロ段階』　図書文化

野島一彦編　1999　『現代のエスプリ　グループ・アプローチ』　至文堂　pp.9-10

◆著者略歴［2016年4月現在］　　　　　　　　　　　　　　　　※執筆順

■ 編集，執筆（1章，4章，コラム）

河村茂雄 かわむら・しげお　　早稲田大学教育・総合科学学術院教授

筑波大学大学院教育研究科カウンセリング専攻修了。博士（心理学）。公立学校教諭・教育相談員を経験し，岩手大学助教授，都留文科大学大学院教授を経て現職。日本学級経営心理学会理事長，日本教育カウンセリング学会理事長，日本教育心理学会社員，日本カウンセリング学会常任理事，日本教育カウンセラー協会岩手県支部長。論理療法，SGE，SST，教師のリーダーシップと学級経営の研究を続けている。

■ 執筆（2章1節，2節）

苅間澤勇人 かりまざわ・はやと　　会津大学文化研究センター上級准教授

早稲田大学大学院教育学研究科博士後期課程（研究指導終了退学）。公立高等学校教諭を経て現職。日本学級経営心理学会常任理事，日本教育カウンセリング学会常任理事，日本カウンセリング学会理事，同認定カウンセラー会理事。ガイダンスカウンセラー（上級教育カウンセラー），学校心理士SV。教育困難校における効果的な心理教育的援助に関する研究を続けている。

■ 執筆（2章2節）

水谷明弘 みずたに・あきひろ　　早稲田大学教育・総合科学学術院非常勤講師

三重大学大学院教育学研究科修士課程修了，早稲田大学大学院教育学研究科博士後期課程（研究指導終了退学）。警視庁，三重県警察，三重大学非常勤講師，三重県教育委員会生徒指導・健康教育室室長，三重県立四日市高等学校校長，三重県警察学校教育参与を経て現職。いじめ問題，教育相談，SST，学級経営，学力向上，学校の危機管理について研究を続けている。

■ 執筆（3章）

武蔵由佳 むさし・ゆか　　盛岡大学文学部准教授

早稲田大学大学院教育学研究科単位取得退学。博士（心理学）。公立中学校・私立高等学校の相談員，都留文科大学及び早稲田大学非常勤講師を経て現職。学校心理士。臨床心理士。上級教育カウンセラー。日本教育カウンセリング学会常任理事，日本学級経営心理学会常任理事。SGEを活用した仲間集団づくり，青年期のアイデンティティ形成，児童生徒学生の友人関係に関する研究に取り組んでいる。

組織で支え合う！
学級担任のいじめ対策
―ヘルプサインと向き合う
　チェックポイントとQ-U活用法

2016年5月30日　初版第1刷発行　［検印省略］

編　　著	ⓒ河村茂雄	
発 行 人	福富　泉	
発 行 所	株式会社　図書文化社	
	〒112-0012　東京都文京区大塚1-4-15	
	Tel. 03-3943-2511　Fax. 03-3943-2519	
	振替　00160-7-67697	
	http://www.toshobunka.co.jp/	
組　　版	株式会社 Sun Fuerza	
印刷・製本	株式会社 厚徳社	
装　　幀	株式会社 オセロ	

JCOPY 〈(社)出版者著作権管理機構　委託出版物〉
本書の無断複写は著作権法上での例外を除き禁じられています。複写される場合は，そのつど事前に，(社)出版者著作権管理機構（電話03-3513-6969, FAX 03-3513-6979, e-mail：info@jcopy.or.jp）の許諾を得てください。

乱丁・落丁本はお取り替えいたします。
定価はカバーに表示してあります。
ISBN 978-4-8100-6677-7　C3037

河村茂雄の学級経営

●Q-U

学級づくりのためのQ-U入門
A5判 本体1,200円+税

Q-Uによる
特別支援教育を充実させる学級経営
B5判 本体2,200円+税

Q-Uによる
学級経営スーパーバイズ・ガイド
小学校／中学校／高校
B5判 本体3,000~3,500円+税

●シリーズ事例に学ぶQ-U式学級集団づくりのエッセンス

集団の発達を促す学級経営
小学校(低／中／高)／中学校／高校
B5判 本体2,400~2,800円+税

実践「みんながリーダー」の学級集団づくり
小学校／中学校　B5判 本体各2,400円+税

●学習指導

授業づくりのゼロ段階
A5判 本体1,200円+税

授業スキル
小学校編／中学校編
B5判 本体各2,300円+税

学級タイプ別 繰り返し学習のアイデア
小学校編／中学校編
B5判 本体各2,000円+税

●学級集団づくり

学級集団づくりのゼロ段階
A5判 本体1,400円+税

学級リーダー育成のゼロ段階
A5判 本体1,400円+税

Q-U式学級づくり
小学校(低学年／中学年／高学年)／中学校
B5判 本体各2,000円+税

学級集団づくりエクササイズ
小学校編／中学校編
B5判 本体各2,400円+税

●特別支援教育

ここがポイント
学級担任の特別支援教育
B5判 本体2,200円+税

特別支援教育を進める学校システム
B5判 本体2,000円+税

ワークシートによる
教室復帰エクササイズ
B5判 本体2,300円+税

●学級経営の理論的構築

日本の学級集団と学級経営
A5判 本体2,400円+税

こうすれば学校教育の成果は上がる
A5判 本体1,000円+税

●ロングセラー

学級崩壊 予防・回復マニュアル
B5判 本体2,300円+税

タイプ別 学級育成プログラム
小学校／中学校　B5判 本体各2,300円+税

学級ソーシャルスキル
小学校(低学年／中学年／高学年)／中学校
B5判 本体2,400円~2,600円+税

図書文化